Weihnachten

Weihnachten

Plätzchen

Kuchen und Torten

Geschenke zum Aufessen

Weihnachtsessen

Das große Plus

Als die drei Weisen aus dem
Morgenland dem Christkind ihre
Aufwartung machten, hatten sie Gaben
dabei: Gold, Weihrauch und Myrrhe.
Das waren wertvolle Geschenke,
nur konnte man nichts davon essen.

Dennoch ist bis heute der Brauch lebendig, in der Weihnachtszeit Süßigkeiten zu verschenken, Plätzchen zu backen, Stollen zu reichen und an Heiligabend Gans oder Karpfen auf den Tisch zu bringen. Woher aber kommt die himmlische Weihnachtsküche?

Schon in vorchristlicher Zeit wurde in vielen Kulturen die Wintersonnenwende gefeiert. Für die Germanen war dies eine Zeit voller Mysterien. Man glaubte, die grausame Göttin Perchta fahre mit anderen furchterregenden Gestalten in den langen Nächten durch die Lüfte. Diese Unholde mussten besänftigt werden. Durch Tieropfer, Brot oder Honiggebäck. Denn Honig galt als Götterspeise. Oft bekam das Gebäck Tiergestalt – als Ersatz für Lebendopfer. Im christlichen Mittelalter war der Advent Fastenzeit. Butter, Eier, Fleisch – verboten. Honigkuchen aber, zum Lebkuchen verfeinert mit Gewürzen aus aller Welt, ging wegen der Spezereien als Heilmittel durch und war erlaubt. Aus den heidnischen Broten wurden Christstollen: gebacken mit Mehl, Öl (erlaubt), Wasser und Hefe. Sie schmeckten – na ja. Bis man im Spätmittelalter die Erlaubnis der Kirche erwirkte, doch Butter zu verwenden. Am Weihnachtsabend dann wurde das Fasten gebrochen. Und es gab fettreiches Fleisch, denn man hatte Hunger. Karpfen, Mastgänse und die einstigen Opfertiere: Schweine. Man muss das nicht wissen, um sich auf die weihnachtlichen Genüsse zu freuen. Aber wenn man es weiß, freut man sich noch mehr. Wir jedenfalls. Und deshalb finden Sie hier die besten Plätzchenrezepte aus der BRIGITTE, die schönsten Rezepte für Kuchen und Torten, für süße und pikante Geschenke – und Weihnachtsessen, die allen schmecken.

Frohes Fest!

Plätzchen

Wer gute Weihnachtsplätzchen backen will, braucht vor allem
eins: ein über Jahre bewährtes Rezept. Deshalb finden Sie
hier nicht nur die beliebtesten Plätzchen aus der Brigitte-
Versuchsküche, sondern auch die besten Leserrezepte.

Kleine Eisbären

einfach | für Kinder

etwa 60	**Stück**
	Zubereitungszeit 1 Std. 30 Min.
	Kühlzeit 2 Std.
	Backzeit 12 Min. pro Blech
	Haltbarkeit 1 Monat (gut verpackt)
Pro Stück	**ca. 65 kcal, E 1 g, F 3 g, KH 8 g**

250 g	Mehl + Mehl zum Ausrollen
100 g	zarte Haferflocken
½ Päckchen	Backpulver
1 Prise	frisch geriebene Muskatnuss
½ TL	Salz
200 g	weiche Butter oder Margarine
200 g	brauner Zucker
1 Päckchen	Zitronen-Glasur (100 g)
	einige Schokoladenstreusel für die Augen

• Für den Teig Mehl, Haferflocken, Backpulver, Muskatnuss und Salz in einer Rührschüssel mischen.

• Weiche Butter und den Zucker mit den Quirlen des Handrührgerätes schaumig rühren. Die Mehlmischung nach und nach dazugeben und alles mit den Knethaken des Handrührgerätes zu einem glatten Teig verkneten. Den Teig in Frischhaltefolie gewickelt etwa 2 Std. in den Kühlschrank legen.

• Den Backofen auf 180° (Umluft 160°, Gas Stufe 3) vorheizen. Den Teig auf einer mit Mehl bestreuten Arbeitsfläche 3–4 mm dick ausrollen und kleine Bären (oder andere Figuren) ausstechen.

• Die ausgestochenen Plätzchen auf mit Backpapier ausgelegte Backbleche legen und jedes Blech im vorgeheizten Backofen 10–12 Min. backen. Die Plätzchen vom Backblech nehmen und auf Kuchengittern abkühlen lassen.

• Für den Guss die Zitronen-Glasur nach Packungsanweisung erwärmen und die Kekse damit bestreichen. Je einen kleinen Schokoladenstreusel für die Augen auf die Glasur setzen (am besten mit einer Pinzette). Den Guss trocknen lassen.

Tipp Für andere Figuren zusätzlich Schokoladenglasur, bunte Zuckerfarbe und Zuckerperlen zum Verzieren nehmen.

Walnuss-Ingwer-Plätzchen

einfach

etwa 80	**Stück**
	Zubereitungszeit 40 Min.
	Kühlzeit 30 Min.
	Backzeit 12 Min. pro Blech
	Haltbarkeit 2 Wochen (gut verpackt)
Pro Stück	**ca. 85 kcal, E 2 g, F 6 g, KH 6 g**

240 g	Dinkelvollkornmehl + Mehl zum Ausrollen
240 g	Rohrohrzucker
6	Eigelbe
200 g	kalte Butter
300 g	gemahlene Walnusskerne
1 TL	gemahlener Ingwer
2 Msp.	gemahlener Kardamom
etwa 80	schöne Walnusshälften
	Puderzucker zum Bestäuben

• Vollkornmehl, Rohrzucker, Eigelbe, Butter in Flöckchen, gemahlene Walnuss-kerne und die Gewürze in einer Rührschüssel mischen und zunächst mit den Knethaken des Handrührgerätes, dann mit den Händen schnell zu einem glatten Teig verkneten. Teig zu einer dicken Rolle (∅ 4 cm) formen und mindestens 30 Min. kalt stellen.

• Den Backofen auf 170° (Umluft 150°, Gas Stufe 2–3) vorheizen. Die Teigrolle in etwa ½ cm dicke Scheiben schneiden. Die Plätzchen auf mit Backpapier ausgelegte Backbleche legen, jedes Plätzchen mit 1 Walnusshälfte belegen. Jedes Blech im Backofen 10–12 Min. backen.

• Die Plätzchen auf ein Kuchengitter heben und abkühlen lassen. Etwas Puder-zucker in ein Sieb geben und die Plätzchen damit bestäuben.

Tipps Die Plätzchen zusätzlich halb in Kuvertüre tauchen.

Dinkel ist eine uralte Weizenart, die in den letzten Jahren wieder vermehrt angebaut wird. Das Getreide hat einen hohen Kleberanteil und eignet sich daher besonders gut zum Brotbacken. Unreif geernteten Dinkel bezeichnet man auch als »Grünkern«.

Karamell-Brezeln

einfach

etwa 30	Stück
	Zubereitungszeit 40 Min.
	Kühlzeit 1 Std.
	Backzeit 14 Min. pro Blech
	Haltbarkeit 10 Tage (gut verpackt)
Pro Stück	ca. 100 kcal, E 1 g, F 4 g, KH 14 g

250 g	Mehl + Mehl zum Ausrollen
60 g	Zucker
1 Prise	Salz
1	Ei
125 g	kalte Butter
150 g	harte Karamellbonbons (z. B. Werthers)
1	Eigelb
2–3 EL	Hagelzucker

• Mehl, Zucker, Salz, Ei und Butter in Flöckchen zunächst mit den Knethaken des Handrührgerätes, dann mit den Händen schnell zu einem glatten Teig verkneten. Abgedeckt für etwa 1 Std. kalt stellen.

• Die Bonbons in einen Gefrierbeutel geben und mit einem Nudelholz fein zersplittern. Den Backofen auf 180° (Umluft 160°, Gas Stufe 3) vorheizen.

• Den Teig auf einer leicht bemehlten Arbeitsfläche etwa 4 mm dick ausrollen. Mit einem Brezel-Ausstecher (6 cm Länge) etwa 30 Plätzchen ausstechen. Die ausgestochenen Brezeln auf mit Backpapier ausgelegte Backbleche legen.

• Eigelb verquirlen, die Brezeln damit bestreichen und den Hagelzucker darüberstreuen. Die Löcher in den Brezeln mit den gehackten Karamellbonbons füllen.

• Brezeln im Backofen 12–14 Min. pro Blech backen. Herausnehmen und unbedingt vollständig auf dem Blech abkühlen lassen (damit der Karamell erstarrt). Mit einer Palette vorsichtig lösen.

Tipp Die Brezeln eignen sich auch gut als Weihnachtsbaumschmuck. Dafür vor dem Backen ein kleines Loch für den Faden in den Teig stechen.

Klassiker

Vanillekipferln

Vanillekipferln gehören unbedingt zur Adventszeit. Je mürber sie sind, desto besser. Der Nachteil: Sie sind zerbrechlich. Unser Tipp: so frisch wie möglich essen, am besten noch ofenwarm.

etwa 70	**Stück**
	Zubereitungszeit 1 Std. 15 Min.
	Kühlzeit 1 Std.
	Backzeit 15 Min. pro Blech
	Haltbarkeit 1 Monat (gut verpackt)
Pro Stück	**ca. 55 kcal, E 1 g, F 3 g, KH 5 g**

1	Vanilleschote
300 g	Mehl + Mehl zum Ausrollen
1	Eigelb
90 g	Puderzucker
1 Prise	Salz
100 g	geschälte gemahlene Mandeln
200 g	kalte Butter
etwa 6 Pck.	Bourbon-Vanillezucker zum Wälzen

• Die Vanilleschote längs aufschneiden und das Mark herauskratzen. Mehl, Eigelb, Puderzucker, Salz, Mandeln, Butter in Flöckchen und das Vanillemark in eine Schüssel geben. Alles zunächst mit den Knethaken des Handrührgerätes, dann mit den Händen schnell zu einem glatten Teig verkneten. Teig zu einer Kugel formen (Step 1), in Frischhaltefolie wickeln. Mindestens 1 Std. kalt stellen.

• Den Teig auf einer bemehlten Arbeitsfläche zu zwei Rollen formen. Jede Rolle in 35 Scheiben schneiden. Scheiben noch einmal kalt stellen. Den Backofen auf 180° (Umluft 160°, Gas Stufe 3) vorheizen.

• Jede Teigscheibe zu einer etwa 6 cm langen Rolle formen, die an den Enden dünner wird und spitz zuläuft. Diese Rollen zu kleinen Halbmonden formen (Step 2) und auf mit Backpapier ausgelegte Backbleche legen. Die Kipferln im Backofen etwa 15 Min. pro Blech backen.

• Vanillezucker in einen tiefen Teller geben. Die heißen Kipferln im Vanillezucker wälzen (Step 3) und auf einem Kuchengitter abkühlen lassen.

1

2

3

Tipp

Die Kipferln müssen noch warm sein, wenn sie im Zucker gewälzt werden, dann haftet der Zucker am besten.

Exotische Stollenschnecken

braucht Zeit

etwa 50	**Stück**
	Zubereitungszeit 1 Std. 10 Min.
	Gehzeit 1 Std. 45 Min.
	Backzeit 10 Min. pro Blech
	Haltbarkeit 10 Tage (gut verpackt)
Pro Stück	ca. 75 kcal, E 2 g, F 4 g, KH 7 g

230 g	Mehl + Mehl zum Ausrollen	70 g	weiche Butter
70 ml	Milch	je 40 g	getrocknete Mangos, Aprikosen und Papayas
20 g	Zucker	2 EL	Rum
½ Würfel	frische Hefe (21 g)	200 g	Marzipanrohmasse
1	Bio-Limette	2	Eiweiße
½ Päckchen	Vanillezucker	50 g	Butter
je ½ TL	gemahlener Kardamom und Ingwer	2 EL	Puderzucker zum Bestäuben
	Salz		
5	Eigelbe		

• Mehl in eine Schüssel geben und in die Mitte eine Mulde drücken. 5 EL lauwarme Milch, Zucker und zerbröckelte Hefe hineingeben und mit etwas Mehl vom Rand verrühren. Abgedeckt an einem warmen Ort 30 Min. gehen lassen.

• Limette heiß abspülen, abtrocknen und die Schale fein abreiben. Schale, restliche Milch, Vanillezucker, Gewürze, Eigelbe und die weiche Butter zum Vorteig geben und alles mit den Knethaken des Handrührgerätes verkneten. Abgedeckt 45 Min. an einem warmen Ort gehen lassen, bis der Teig sein Volumen verdoppelt hat.

• Inzwischen Trockenfrüchte in 1–2 mm große Würfel schneiden. Rum darüberträufeln und Früchte 30 Min. ziehen lassen. Marzipan zerbröckeln und mit den Eiweißen zu einer glatten Creme verrühren.

• Teig kurz durchkneten und auf wenig Mehl zu einem Rechteck von 30 × 45 cm ausrollen. Marzipancreme aufstreichen, die Trockenfrüchte darüberstreuen. Teigplatte längs halbieren. Jede Hälfte von der Längsseite her aufrollen. Rollen in je 25 Scheiben (1,5 cm dick) schneiden. Auf mit Backpapier ausgelegte Backbleche legen und abgedeckt an einem warmen Ort 20–30 Min. gehen lassen.

• Backofen auf 180° (Umluft 160°, Gas Stufe 3) vorheizen. Schnecken auf der zweiten Schiene von unten pro Blech etwa 10 Min. backen. Butter schmelzen und die Schnecken sofort damit bestreichen. Abgekühlt mit Puderzucker bestäuben.

Schoko-Pistazien-Kringel

einfach | für Diabetiker

etwa 65	**Stück**
	Zubereitungszeit 1 Std.
	Backzeit 10 Min. pro Blech
	Haltbarkeit 10 Tage (gut verpackt)
Pro Stück	ca. 30 kcal, E 1 g, F 2 g, KH 3 g, 4 Stück = 1 BE

40 g	ungesalzene Pistazienkerne
75 g	weiche Butter
60 g	Diabetiker- oder Fruchtzucker
1	Ei
1	Eigelb
2 EL	Rum oder schwarzer Kaffee
185 g	Weizenvollkornmehl
½ TL	Backpulver
1 Prise	Salz
30 g	Zartbitter-Diabetikerschokolade

• Die Pistazien sehr fein mahlen. Den Backofen auf 180° (Umluft 160°, Gas Stufe 3) vorheizen.

• Die Butter mit den Quirlen des Handrührgerätes schaumig rühren. Den Diabetikerzucker dazugeben und so lange rühren, bis er sich aufgelöst hat. Ei, Eigelb und Rum unterrühren.

• Pistazien, Mehl, Backpulver und Salz mischen und unter die Butter-Ei-Mischung rühren. Den Teig zwischen einem aufgeschnittenen Gefrierbeutel etwa 5 mm dick ausrollen und Kringel (∅ 4 cm) ausstechen.

• Die Plätzchen auf mit Backpapier ausgelegte Backbleche legen und im vorgeheizten Ofen pro Blech etwa 10 Min. backen. Vorsichtig vom Backblech nehmen und auf einem Kuchengitter vollständig abkühlen lassen.

• Die Schokolade in kleine Stücke brechen und in einer Metallschüssel über dem heißen Wasserbad schmelzen lassen. Geschmolzene Schokolade mit einem Löffel in dünnen Streifen über die Kringel geben und trocknen lassen.

Tipp Schokolade beim Schmelzen nicht zu heiß werden lassen, denn dann verliert sie beim Trocknen den Glanz. Es darf auch kein Wasser in die Schüssel spritzen, sonst klumpt die Schokolade.

Ingwer-Kokos-Berge

einfach | schnell

etwa 90	**Stück**
	Zubereitungszeit 40 Min.
	Backzeit 20 Min. pro Blech
	Haltbarkeit 3 Wochen (gut verpackt)
Pro Stück	**ca. 45 kcal, E 0 g, F 3 g, KH 5 g**

120 g	kandierter Ingwer (Reformhaus)
1	Bio-Limette
3	Eiweiße
1 Prise	Salz
220 g	Puderzucker
200 g	Kokosraspel
300 g	Zartbitterkuvertüre

• Etwa 20 g Ingwer für die Deko in Stückchen schneiden und beiseitelegen. Den Rest sehr fein würfeln. Die Limette heiß abspülen, trocken tupfen und die Schale abreiben. Die Limette auspressen.

• Eiweiße, 1 TL Limettensaft und Salz mit den Quirlen des Handrührers steif schlagen. Den Puderzucker sieben und nach und nach mit einem Schneebesen unter den Eischnee mischen. Kokosraspel, Limettenschale und den fein gewürfelten Ingwer unterheben.

• Den Backofen auf 150° (Umluft 130°, Gas Stufe 1) vorheizen.

• Mit zwei Teelöffeln etwa 90 kleine Kokosberge auf mit Backpapier ausgelegte Backbleche setzen. Im vorgeheizten Backofen nacheinander je etwa 20 Min. backen. Auf einem Kuchengitter vollständig abkühlen lassen.

• Inzwischen die Kuvertüre hacken und über dem heißen Wasserbad schmelzen lassen. Kokosberge kopfüber in die Kuvertüre tauchen (oder Kuvertüre mit einem Backpinsel auftragen), gut abtropfen lassen und wieder auf das Kuchengitter setzen.

• Die Ingwerstückchen für die Deko auf die noch feuchte Kuvertüre setzen. Kuvertüre fest werden lassen.

Tipp Statt Ingwer können auch andere kandierte Früchte (z. B. Kirschen, Ananas oder getrocknete Aprikosen) genommen werden.

Schoko-Cookies

einfach | schnell

etwa 100	**Stück**
	Zubereitungszeit 45 Min.
	Kühlzeit 1 Std.
	Backzeit 8 Min. pro Blech
	Haltbarkeit 1 Monat (gut verpackt)
Pro Stück	**ca. 45 kcal, E 1 g, F 2 g, KH 5 g**

300 g	Zartbitterkuvertüre
100 g	Butter
1 TL	Vanillearoma oder einige Tropfen Butter-Vanille-Aroma
3	Eier
250 g	Zucker
100 g	Mehl
½ TL	Backpulver
1 gute Prise	Salz
150 g	Schokoladentröpfchen

• Die Kuvertüre grob hacken und in eine Metallschüssel geben. Die Schüssel über ein heißes Wasserbad stellen und die Kuvertüre schmelzen lassen. Butter in Flöckchen dazugeben und schmelzen lassen. Vanillearoma unterrühren.

• Eier und Zucker mit den Quirlen des Handrührgerätes dickcremig aufschlagen. Mehl, Backpulver und Salz mischen und mit der Schokoladenbutter unterrühren. Die Schokoladentröpfchen unter den Teig rühren. Den Teig abgedeckt etwa 1 Std. in den Kühlschrank stellen.

• Den Backofen auf 180° (Umluft 160°, Gas Stufe 3) vorheizen. Mit einem Teelöffel kleine Häufchen Teig auf mit Backpapier ausgelegte Backbleche legen. Im Backofen pro Blech etwa 8 Min. backen, bis die Ränder knusprig werden und die Kekse Risse bekommen.

• Die Schoko-Cookies vorsichtig vom Backblech nehmen, auf ein Kuchengitter legen und abkühlen lassen.

Tipp Für Cookies schwarz und weiß: Die Hälfte des Teiges mit weißer Schokolade zubereiten und die Plätzchen getrennt backen. Oder beide Teige sehr grob miteinander verrühren, sodass ein Marmormuster entsteht.

Minzblätter

braucht etwas Zeit

etwa 100	**Stück**
	Zubereitungszeit 1 Std. 20 Min.
	Kühlzeit 1 Std.
	Backzeit 8 Min. pro Blech
	Haltbarkeit 3 Wochen (gut verpackt)
Pro Stück	**ca. 45 kcal, E 0 g, F 2 g, KH 6 g**

6 Täfelchen	After-Eight (52 g)
120 g	Butter
140 g	Puderzucker
1	Eigelb
150 g	Mehl
1 Päckchen	Vanillezucker
100 g	Mandelblättchen
300 g	Puderzucker
9 EL	Pfefferminzlikör oder -sirup

• Den Backofen auf 180° (Umluft 160 °, Gas Stufe 3) vorheizen. Die After-Eight-Täfelchen würfeln. Diese mit der Butter in Flöckchen, Puderzucker, Eigelb, Mehl, Vanillezucker und Mandelblättchen zuerst mit den Knethaken des Handrührgerätes, dann mit den Händen schnell zu einem glatten Teig verkneten.

• Den Teig in zwei Portionen teilen und in Frischhaltefolie gewickelt etwa 1 Std. in den Kühlschrank stellen.

• Teig portionsweise in einem aufgeschnittenen Gefrierbeutel etwa 4 mm dick ausrollen und Blätter (Länge 4 cm) ausstechen. Auf mit Backpapier ausgelegte Backbleche legen. Die Blätter im Backofen pro Blech etwa 8 Min. backen.

• Für den Guss den Puderzucker sieben. Puderzucker und Pfefferminzlikör oder -sirup zu einem dickflüssigen glatten Guss verrühren. Den Guss in einen kleinen Spritzbeutel geben. Die Spitze knapp abschneiden und den Guss auf die Blätter spritzen (s. Tipp).

Tipp Den dick-cremigen Guss am besten mit einem kleinen Einweg-Spritzbeutel auftragen. Und so geht's: Zuerst eine Linie am Rand der Plätzchen markieren. Dann die Fläche mit dem Guss ausfüllen, so wird er gleichmäßig und bekommt schöne Konturen.

Gefüllte Zimtsterne

raffiniert | braucht etwas Zeit

etwa 55	**Stück**
	Zubereitungszeit 1 Std. 15 Min.
	Kühlzeit 30 Min.
	Backzeit 20 Min. pro Blech
	Haltbarkeit 1 Monat (gut verpackt)
Pro Stück	**ca. 55 kcal, E 1 g, F 3 g, KH 6 g**

3	Eiweiße
	Salz
300 g	Puderzucker + Puderzucker zum Ausrollen
300 g	ungeschälte gemahlene Mandeln (s. Tipp)
1 TL	gemahlener Zimt
40 g	Kirschkonfitüre

• 2 Eiweiße und 1 Prise Salz zu sehr steifem Schnee schlagen. 200 g Puderzucker sieben und nach und nach zum Eischnee geben und weiterschlagen, bis sich der Zucker aufgelöst hat.

• Mandeln und Zimt vorsichtig mit einem Schneebesen unter die Eischneemasse heben. Den Teig in Frischhaltefolie wickeln und 30 Min. in den Kühlschrank stellen.

• Den Teig auf einer mit Puderzucker bestäubten Arbeitsfläche oder in einem großen aufgeschnittenen Gefrierbeutel etwa 2–3 mm dick ausrollen. Mit einem Plätzchenausstecher etwa 110 Sterne ausstechen und auf mit Backpapier ausgelegte Backbleche legen.

• Den Backofen auf 150° (Umluft 130°, Gas Stufe 1) vorheizen. Das restliche Eiweiß und den restlichen Puderzucker in eine Schüssel geben und mit den Quirlen des Handrührgerätes zu einem glatten Guss verrühren.

• Die Hälfte der Sterne gleichmäßig mit dem Guss bestreichen (am besten mit einem feinen Pinsel). Alle Sterne im Backofen pro Blech 15–20 Min. backen.

• Die Sterne vorsichtig vom Backblech nehmen und auf einem Kuchengitter abkühlen lassen. Die Kirschkonfitüre durch ein Sieb streichen. Die Sterne ohne Guss mit der Konfitüre bestreichen. Jeweils einen weißen Stern daraufsetzen.

Tipp Die Mandeln am besten selbst frisch für den Teig mahlen, dann haben sie das beste Aroma.

Mohn-Orangen-Rauten

mit Likör

etwa 60	**Stück**		
	Zubereitungszeit 1 Std.		
	Kühlzeit 30 Min.		
	Backzeit 20 Min.		
	Haltbarkeit 2 Wochen (gut verpackt)		
Pro Stück	ca. 80 kcal, E 1 g, F 4 g, KH 10 g		

125 g	weiche Butter	2	Bio-Orangen
225 g	Puderzucker	evtl. 1	Saftorange
1 Prise	Salz	100 g	gemahlene Mandeln
1	Ei	100 g	gemahlene Walnusskerne
250 g	Mehl + Mehl zum Ausrollen	100 g	Zucker
1 TL	Backpulver	3 EL	Orangenlikör
100 g	fertige Mohnmischung (z. B. Mohnback)	150 g	Puderzucker

• Für den Teig Butter, 75 g Puderzucker, Salz und das Ei mit den Quirlen des Handrührgerätes cremig schlagen. Mehl, Backpulver und Mohnmischung dazugeben und alles mit den Knethaken des Handrührgerätes zu einem glatten Teig verkneten. Teig in Klarsichtfolie wickeln und für mindestens 30 Min. kalt stellen.

• Inzwischen für die Füllung die Orangen heiß abspülen, trocken tupfen und die Schale fein abreiben. Orangen auspressen (es sollten 13 EL Saft sein; wenn's nicht reicht, die Saftorange ebenfalls auspressen). Mandeln, Walnüsse, Zucker und 10 EL Orangensaft verrühren. Orangenschale und 2 EL Orangenlikör unter die Füllung rühren. Füllung bis zum Gebrauch kalt stellen.

• Den Backofen auf 180° (Umluft 160°, Gas Stufe 3) vorheizen. Den Teig halbieren. Eine Hälfte auf wenig Mehl zu einem Rechteck ausrollen und auf ein mit Backpapier ausgelegtes Backblech legen. Die Füllung darauf verstreichen.

• Zweite Teigportion in der gleichen Größe ausrollen und auf die Füllung legen. Eventuell leicht andrücken. Die Teigplatte im Ofen etwa 20 Min. backen.

• Für die Glasur restlichen Puderzucker, restlichen Orangensaft und restlichen Orangenlikör zu einem glatten Guss verrühren. Die warme Teigplatte damit bestreichen. Ganz abkühlen lassen und in Rauten schneiden.

Traumnüsse

nicht ganz einfach

etwa 45	**Stück**
	Zubereitungszeit 1 Std. 30 Min.
	Backzeit 20 Min. pro Muffinform
	Haltbarkeit 5 Tage (gut verpackt im Kühlschrank)
Pro Stück	**ca. 145 kcal, E 2 g, F 9 g, KH 14 g**

500 g	Mehl + Mehl zum Ausrollen
1 TL	Backpulver
250 g	Butter oder Margarine
2	Eigelbe
100 g	Puderzucker
4 EL	saure Sahne
150 g	Walnusskerne
5 EL	Milch
150 g	Zucker
100 g	weiche Butter
	Kakao und Puderzucker zum Bestäuben

• Für den Teig Mehl, Backpulver und Butter in Flöckchen mit den Knethaken des Handrührgerätes gut verkneten. Eigelbe, Puderzucker und saure Sahne nach und nach unterkneten.

• Den Backofen auf 180° (Umluft 160°, Gas Stufe 3) vorheizen. Teig auf wenig Mehl dünn ausrollen und etwa 90 kleine Taler (Ø 5,5 cm) ausstechen. Teigtaler in Mini-Muffinförmchen (möglichst 2 Formen mit je 12 Mulden verwenden) legen, sodass kleine Schälchen entstehen. Im Ofen pro Form 15–20 Min. backen.

• Die Teigschälchen herausnehmen und auf einem Kuchengitter abkühlen lassen. Restliche Teigtaler genauso zu Schälchen backen.

• Für die Füllung die Walnusskerne fein mahlen. Milch und Zucker aufkochen und die gemahlenen Walnusskerne unterrühren. Mischung ganz abkühlen lassen. Die weiche Butter mit den Quirlen des Handrührers cremig schlagen. Nach und nach die kalte Walnussmischung unterrühren.

• Die Walnusscreme in die Schälchen füllen und je zwei Schälchen so zusammensetzen, dass eine kleine Kugel entsteht. Plätzchen erst kurz vor dem Servieren dünn mit Kakao und Puderzucker bestäuben.

Glühweinherzen

einfach | raffiniert

etwa 55	**Stück**
	Zubereitungszeit 50 Min.
	Kühlzeit 1 Std.
	Backzeit 10 Min. pro Blech
	Haltbarkeit 3 Wochen (gut verpackt)
Pro Stück	ca. 80 kcal, E 1 g, F 5 g, KH 9 g

250 g	Mehl + Mehl zum Ausrollen
125 g	Zucker
3	Eigelbe
200 g	kalte Butter
125 g	gemahlene Mandeln
1 Päckchen	Vanillezucker
1 Msp.	Backpulver
etwa 225 g	Glühweingelee (ersatzweise Himbeer- oder Johannisbeergelee)
	Puderzucker zum Bestäuben

• Mehl, Zucker, Eigelbe, Butter in Flöckchen, Mandeln, Vanillezucker und Backpulver zunächst mit den Knethaken des Handrührgerätes, dann mit den Händen schnell zu einem glatten Teig verkneten. Teig in Klarsichtfolie gewickelt etwa 1 Std. kalt stellen.

• Backofen auf 180° (Umluft 160°, Gas Stufe 3) vorheizen. Teig auf wenig Mehl 2–3 mm dick ausrollen und kleine Herzen (etwa 3 cm groß) ausstechen. Bei der Hälfte der Plätzchen aus der Mitte nochmals ein kleines Herz ausstechen.

• Plätzchen auf mit Backpapier ausgelegte Backbleche legen und pro Blech im Ofen etwa 10 Min. backen. Auf einem Kuchengitter abkühlen lassen.

• Das Gelee erwärmen, glatt rühren und die Kekse ohne Herz in der Mitte damit bestreichen. Die Kekse mit den ausgestochenen Herzen darauflegen. Die Plätzchen dünn mit Puderzucker bestäuben.

Tipps Glühweingelee kann man auch selbst machen: fertigen Glühwein mit Gelierzucker im Verhältnis 2:1 nach Packungsanweisung kochen.

Der Teig kann auch in einem großen aufgeschnittenen Gefrierbeutel ausgerollt werden. Bei dieser Methode können die Teigreste mehrmals ausgerollt werden, ohne dass sie durch zu viel Mehl krümelig werden.

Aprikosen-Macadamia-Ecken

raffiniert | einfach

30	**Stücke**
	Zubereitungszeit 30 Min.
	Backzeit 20 Min. + 45 Min.
	Haltbarkeit ca. 2 Wochen (in einer Blechdose)
Pro Stück	**ca. 185 kcal, E 2 g, F 8 g, KH 25 g**

600 g	brauner Zucker
450 g	Mehl
220 g	weiche Butter
450 g	getrocknete helle Soft-Aprikosen
200 g	ungesalzene Macadamia-Nusskerne
5	Eier
7 EL	Mandellikör (z. B. Amaretto) oder Aprikosennektar
2 TL	Backpulver
je 1 Prise	gemahlene Nelken und Salz
	Puderzucker zum Bestäuben

Tipp
Die Dreiecke kleiner oder größer schneiden, dann sind es kleine Plätzchen für den bunten Teller oder Kuchenstücke zum Kaffee.

• Backofen auf 180° (Umluft 160°, Gas Stufe 3) vorheizen. 150 g Zucker, 300 g Mehl und weiche Butter erst mit den Knethaken des Handrührgerätes, dann mit den Händen zu einer krümeligen Masse verkneten. Die Fettpfanne des Backofens (37 cm × 30 cm) mit Backpapier auslegen.

• Den krümeligen Teig gleichmäßig in die Fettpfanne drücken und im Backofen 15–20 Min. hellbraun backen. Herausnehmen und abkühlen lassen.

• Backofen auf 160° (Umluft 140°, Gas Stufe 2) herunterschalten. Für den Belag Aprikosen und Macadamia-Nusskerne fein hacken. Eier, restlichen Zucker und Mandellikör mit den Quirlen des Handrührgerätes mindestens 8 Min. schlagen, bis die Masse schaumig und hell-cremig ist.

• Restliches Mehl, Backpulver, Nüsse, Aprikosen und Gewürze mischen. Eiercreme unterrühren. Den Belag gleichmäßig auf dem Teig verteilen und im vorgeheizten Backofen 40–45 Min. backen (eventuell nach 30 Min. mit Backpapier abdecken), bis die Oberfläche zwar trocken, der Teig aber noch weich ist.

• Den Kuchen gut auskühlen lassen und mit Puderzucker bestäuben. Mit einem scharfen Messer in etwa 30 Dreiecke schneiden.

Kleine Honiglebkuchen

einfach

etwa 200	**Stück**
	Zubereitungszeit 1 Std.
	Ruhezeit 1 Std.
	Backzeit 15 Min. pro Blech
	Haltbarkeit 1 Monat (gut verpackt)
Pro Stück	**ca. 35 kcal, E 1 g, F 0 g, KH 7 g**

125 g	Honig
25 g	weiche Butter
4	Eier
850 g	Zucker
750 g	Mehl + Mehl zum Ausrollen
½ Päckchen	Backpulver
je 1 TL	gemahlener Kardamom, Nelken und Zimt
etwa 8 EL	Milch zum Bestreichen

• Für den Teig Honig und Butter erwärmen, bis die Butter geschmolzen ist. Die Eier mit den Quirlen des Handrührgerätes schaumig schlagen und 725 g Zucker langsam unter Rühren einrieseln lassen.

• Mehl, Backpulver und Gewürze in einer großen Schüssel mischen. Honig-Butter-Mischung und Ei-Zucker-Creme dazugeben. Alles mit den Knethaken des Handrührgerätes zu einem glatten Teig verkneten. Eventuell nochmals mit den Händen durchkneten. Den Teig zugedeckt bei Zimmertemperatur etwa 1 Std. ruhen lassen.

• Den Backofen auf 180° (Umluft 160°, Gas Stufe 3) vorheizen.

• Den Teig portionsweise auf wenig Mehl etwa ½ cm dick ausrollen und kleine Plätzchen (Sterne, Monde, Taler o. Ä.) ausstechen. Die Plätzchen auf mit Backpapier ausgelegte Backbleche legen und dünn mit Milch bestreichen. Lebkuchen im Ofen pro Blech 10–15 Min. backen.

• Für den Guss 100 ml Wasser und restlichen Zucker etwa 2 Min. kochen lassen, bis sich der Zucker aufgelöst hat. Die Plätzchen dünn mit dem Zuckersirup bestreichen und trocknen lassen.

Tipp Der Teig kann auch in Holzmodel gedrückt, dann ausgelöst und ausgeschnitten werden.

Vanille-Breton-Biskuits

einfach

etwa 45	Stück
	Zubereitungszeit 40 Min.
	Kühlzeit 1 Std.
	Backzeit 12 Min. pro Blech
	Haltbarkeit 3–4 Wochen (gut verpackt)
Pro Stück	ca. 55 kcal, E 1 g, F 3 g, KH 6 g

1	Vanilleschote
3	Eigelbe
90 g	Zucker
125 g	weiche Butter
200 g	Mehl
1 TL	Backpulver
½ TL	Meersalz
1	Ei
2–3 EL	Hagelzucker zum Bestreuen

• Vanilleschote längs aufschneiden und das Mark herauskratzen. Vanillemark, Eigelbe und Zucker etwa 5 Min. mit den Quirlen des Handrührgerätes aufschlagen. Die Butter nach und nach in Flöckchen unterrühren.

• Mehl, Backpulver und Salz sieben und auf kleinster Stufe mit dem Handrührgerät unter die Ei-Butter-Mischung rühren. Das Ganze kurz mit den Händen zu einem Teig verkneten. In Frischhaltefolie wickeln und etwa 1 Std. kalt stellen.

• Den Teig kurz kneten und zwischen zwei Lagen Frischhaltefolie etwa 4 mm dick ausrollen. Die Folie mit dem Teig auf ein großes Brett ziehen und 15 Min. in den Tiefkühler stellen. Backofen auf 180° (Umluft 160°, Gas Stufe 3) vorheizen.

• Teig herausnehmen und mit einem runden Plätzchenausstecher (∅ 4 cm) Kreise ausstechen. Teigkreise auf mit Backpapier ausgelegte Backbleche legen.

• Das Ei und 1 EL Wasser verrühren und die Biskuits dick damit bestreichen. Biskuits mit einem scharfen Messer gitterartig einritzen und mit Hagelzucker bestreuen. Im Ofen pro Blech etwa 12 Min. goldbraun backen. Abkühlen lassen.

Tipp Ausgekratzte Vanilleschoten nicht wegwerfen; sie geben noch viel Aroma ab, zum Beispiel für Vanillezucker: Schote in Stücke schneiden und mit 4–5 EL Zucker in einem Schraubglas 2–3 Wochen ziehen lassen.

Dattelmakronen

einfach

etwa 60	**Stück**
	Zubereitungszeit 1 Std.
	Backzeit 25 Min. pro Blech
	Haltbarkeit 2 Wochen (gut verpackt)
Pro Stück	ca. 55 kcal, E 1 g, F 2 g, KH 7 g

250 g	Datteln
4	Eiweiße
150–200 g	Zucker
250 g	Mandelstifte
etwa 60	Backoblaten ($\varnothing$ 5 cm)

• Die Datteln entsteinen und fein würfeln. Die Eiweiße steif schlagen. Den Zucker langsam einrieseln lassen und weiterschlagen, bis sich der Zucker ganz aufgelöst hat und ein fester Eischnee entstanden ist.

• Den Backofen auf 150° (Umluft 130°, Gas Stufe 1) vorheizen. Datteln und Mandelstifte unter den Eischnee heben. Die Backoblaten auf mit Backpapier ausgelegte Backbleche legen. Mit zwei Teelöffeln kleine Makronenhäufchen auf die Oblaten geben.

• Makronen im Ofen pro Blech etwa 25 Min. trocknen lassen, eventuell etwas länger, wenn die Makronen noch sehr feucht sind.

Tipps Damit Eiweiß schön steif wird, müssen Rührschüssel und Quirle ganz sauber und fettfrei sein. Beim Trennen der Eier darauf achten, dass kein Eigelb mit zum Eiweiß gelangt. Eigelb enthält viel Fett, und das Eiweiß würde nicht steif werden. Eine Prise Salz oder ein Spritzer Zitronensaft hingegen lassen das Eiweiß schön fest werden.

Statt Datteln können auch andere Früchte wie Feigen, getrocknete Aprikosen oder ein kandierter Fruchtmix (gibt's fertig zu kaufen) verwendet werden.

Springerle

einfach

etwa 45	Stück
	Zubereitungszeit 40 Min.
	Kühlzeit 12 Std.
	Backzeit 25 Min. pro Blech
	Haltbarkeit 4 Wochen
Pro Stück	ca. 50 kcal, E 1 g, F 0 g, KH 10 g

1 Msp.	Pottasche
1 EL	Milch
250 g	Zucker
2	Eier
300 g	Mehl + Mehl zum Ausrollen
½ TL	gemahlener Anis
1 TL	Anissamen

● Pottasche und Milch verrühren. Zucker, Eier und die in der Milch gelöste Pottasche mindestens 10 Min. mit den Quirlen des Handrührgerätes oder in der Küchenmaschine schaumig schlagen.

● Mehl, gemahlenen Anis und Anissamen unterkneten. Den Teig auf wenig Mehl etwa 5 mm dick ausrollen.

● Holzmodel gut mit Mehl bestäuben und so oft wie möglich nebeneinander auf den Teig aufdrücken, sodass das Muster in den Teig eindrückt.

● Je nach Motiv der Model Rechtecke oder Quadrate aus dem Teig ausschneiden und auf mit Backpapier belegte Backbleche legen. Über Nacht kühl stellen.

● Den Backofen auf 160° (Umluft 140°, Gas Stufe 2) vorheizen. Die Springerle im Backofen pro Blech etwa 25 Min. backen. Auf einem Kuchengitter auskühlen lassen.

Tipp Springerle sind ziemlich hart und schmecken köstlich in heiße Schokolade oder Kaffee getaucht. Sie werden bei normaler Raumtemperatur und -feuchtigkeit etwas weicher, daher müssen sie nicht unbedingt luftdicht verschlossen aufbewahrt werden.

Pezzetti di nonno Peppe

einfach

etwa 70	**Stück**
	Zubereitungszeit 1 Std.
	Backzeit 35 Min. pro Blech
	Haltbarkeit 4 Wochen (gut verpackt)
Pro Stück	**ca. 60 kcal, E 1 g, F 2 g, KH 8 g**

500 g	Mehl + Mehl zum Bestreuen
1 Prise	Salz
100 g	Zucker
2	Eier
1	Eigelb
etwa 2 EL	Milch
100 g	Joghurt
50 g	kalte Butter
25 g	weiße Schokolade
150 g	Vollmilchschokolade
75 g	gehackte Mandeln
	brauner Zucker zum Bestreuen
	Puderzucker und Kakao zum Bestäuben

● Mehl, Salz und Zucker in einer Schüssel mischen und eine Mulde hinein-drücken. Eier und Eigelb verquirlen und mit der Milch und dem Joghurt in die Mulde geben.

● Butter in Flöckchen auf dem Mehlrand verteilen. Beide Sorten Schokolade hacken und mit den Mandeln zum Mehl geben. Alles zunächst mit den Knet-haken des Handrührgerätes, dann mit den Händen schnell zu einem glatten Teig verkneten. Wenn der Teig sehr trocken ist, eventuell etwas Milch dazugeben. Den Backofen auf 180° (Umluft 160°, Gas Stufe 3) vorheizen.

● Teig zu etwa 20 cm langen Rollen (∅ 4 cm) formen und mit Mehl und braunem Zucker bestreuen. Die Rollen auf mit Backpapier ausgelegte Backbleche legen und im vorgeheizten Ofen pro Blech 30–35 Min. backen.

● Rollen sofort nach dem Backen noch heiß mit Puderzucker und Kakao be-stäuben und in etwa 1 cm dicke Scheiben schneiden. Plätzchen auf Kuchengitter legen und ganz abkühlen lassen.

Erdnuss-Ingwer-Biscotti

raffiniert

etwa 35 Stück
Zubereitungszeit 45 Min.
Backzeit 30 Min. + 1 Std.
Trockenzeit 12 Std.
Haltbarkeit 1 Monat (gut verpackt)
Pro Stück ca. 55 kcal, E 2 g, F 2 g, KH 8 g

4	Eiweiße
1 Prise	Salz
125 g	Zucker
2 Stücke	kandierter Ingwer
½	Vanilleschote
½ TL	Ingwerpulver
3 Tropfen	Mandelaroma
175 g	Mehl
125 g	ungesalzene Erdnüsse

Tipp
Falls die Biscotti Feuchtigkeit ziehen und dadurch weich werden, kann man sie in einem warmen, aber ausgeschalteten Backofen wieder trocknen.

• Den Backofen auf 150° (Umluft 130°, Gas Stufe 1) vorheizen. Eine rechteckige Form (30 × 22 cm) mit Backpapier auslegen.

• Eiweiße und Salz mit den Quirlen des Handrührgerätes steif schlagen. Den Zucker langsam einrieseln lassen und weiterschlagen, bis sich der Zucker ganz aufgelöst hat.

• Den Ingwer etwas kleiner schneiden und durch eine Knoblauchpresse drücken oder sehr fein hacken. Die Vanilleschote längs aufschneiden und das Mark herauskratzen. Kandierten Ingwer, Vanillemark, Ingwerpulver und Mandelaroma unter den Eischnee rühren. Mehl und Erdnüsse mischen und ebenfalls rasch unterheben. Die Mischung gleichmäßig in der Form verstreichen und im Ofen etwa 30 Min. backen.

• Die Form aus dem Ofen nehmen und die Teigplatte auf ein Kuchengitter stürzen. Das Backpapier entfernen und die Teigplatte etwa 15 Min. abkühlen lassen. Den Backofen auf 75° (Umluft 50°, Gas kleinste Stufe) zurückschalten.

• Die Teigplatte der Länge nach halbieren und in lange, etwa 1 cm breite Streifen schneiden. Die Streifen auf einen mit Backpapier ausgelegten Backofenrost legen und 1 Std. im Ofen backen.

• Den Backofen ausschalten und die Biscotti am besten über Nacht im Backofen nachtrocknen lassen.

Kuchen und Torten

Die Stimmung beim Adventskaffee oder beim Familiennach-mittag am 25. Dezember hängt entscheidend davon ab, was es zum Kaffee gibt. In diese Kuchen und Torten ist die Harmo-nie mit eingebacken!

Lebkuchen-Petits-fours

braucht etwas Übung | ohne Backen

30	**Stück**
	Zubereitungszeit 1 Std.
Pro Stück	**ca. 115 kcal, E 2 g, F 3 g, KH 20 g**

1	Frühstückskuchen (350 g, »Holländischer brauner Lebkuchen«)
100 g	Marzipanrohmasse
80 g	Schwarze Johannisbeerkonfitüre
400 g	Zartbitterkuvertüre
	kandierte Veilchen und kandierte Rosenblätter zum Verzieren

• Den Kuchen in etwa 2 cm dicke Scheiben schneiden und diese vierteln. Die Marzipanrohmasse zwischen zwei Schichten Folie zu einer großen Platte ausrollen. Marzipan in gleicher Größe wie die Kuchenstückchen in etwa 15 Quadrate schneiden (die Hälfte der Teigstückchen werden später mit Marzipan belegt).

• Schwarze Johannisbeerkonfitüre durch ein Sieb streichen. Alle Kuchenstücke mit der Konfitüre bestreichen.

• Die Hälfte der Kuchenstücke mit Marzipan belegen und die übrigen Kuchenstücke darauflegen (bestrichene Seite auf die Marzipanschicht legen).

• Kuvertüre nach Packungsanweisung in einer Metallschüssel über dem heißen Wasserbad schmelzen. Petits fours mit Hilfe einer Gabel, noch besser einer Pralinengabel in die Kuvertüre tauchen, kurz abtropfen lassen und auf ein Kuchengitter setzen. Sofort mit kandierten Veilchen oder Rosenblättern verzieren. Kuvertüre trocknen lassen.

Tipps Kandierte Blütenblätter gibt's im Feinkostladen.

Kuvertüre am besten über dem heißen Wasserbad schmelzen. Aufpassen, dass kein Wasser in die Schokolade spritzt, weil die Kuvertüre dann klumpt. Die Kuvertüre nicht zu heiß werden lassen, sie verliert sonst ihren Glanz.

Baumkuchentorte

braucht Zeit und Übung

20	**Stücke**
	Zubereitungszeit 1 Std. 20 Min.
Pro Stück	**ca. 390 kcal, E 6 g, F 26 g, KH 34 g**

40 g	ungesalzene Pistazien	125 g	gemahlene Mandeln
200 g	Marzipanrohmasse	125 g	Mehl
etwa 30 g	Puderzucker	etwa 300 g	Zartbitterkuvertüre
250 g	weiche Butter		Blattgold oder Zuckerperlen
250 g	Zucker		für die Deko
1	Bio-Zitrone	etwa 60 g	fein gehackte Pistazien für
5	Eier		den Tortenrand
1 Prise	gemahlene Nelken		

• Für das Marzipan die Pistazien im Blitzhacker mahlen und mit der Marzipanrohmasse und dem Puderzucker verkneten. Das Pistazienmarzipan halbieren und auf wenig Puderzucker zu zwei Kreisen von 26 cm ⌀ ausrollen.

• Für den Teig Butter und Zucker mit den Quirlen des Handrührgerätes cremig schlagen. Zitrone heiß abspülen, trocknen und die Schale abreiben. Die Eier trennen.

• Eigelbe, Zitronenschale und gemahlene Nelken unterrühren. Mandeln und Mehl mischen und unter den Teig rühren. Die Eiweiße zu steifem Schnee schlagen und in drei Portionen nach und nach mit dem Schneebesen vorsichtig unter den Teig heben.

• Den Boden einer Springform (⌀ 26 cm) mit Backpapier auslegen. 3 EL Teig darauf verstreichen. Teig unter dem vorgeheizten Grill auf der mittleren Einschubleiste etwa 5 Min. grillen, bis er fest und goldbraun ist.

• Wieder 3 EL Teig auf dem gebackenen Teig verstreichen und grillen. Nach drei Schichten eine Pistazien-Marzipan-Platte auf den Teig legen. Diese wiederum mit 3 EL ungebackenem Teig bedecken.

• Wieder vier Teigschichten nacheinander grillen und die zweite Marzipan-Platte auf den Teig legen. Den restlichen Teig wie beschrieben in dünnen Schichten backen. Baumkuchen aus der Form lösen.

• Kuvertüre hacken und in einer Metallschüssel bei kleiner Hitze über dem Wasserbad schmelzen. Baumkuchen damit überziehen und mit Blattgold dekorieren. Den Rand mit gehackten Pistazien bestreuen.

Klassiker

Christstollen

Für guten Christstollen gibt es unzählige Rezepte – und jede(r) hat das beste! Dieses Rezept ist ganz ohne Schnörkel, nur mit den klassischen Zutaten und viel guter Butter!

20	**Stücke**
	Zubereitungszeit 1 Std. 20 Min.
	Ruhezeit 1 Std., Kühlzeit 12 Std.
	Backzeit 1 Std.
Pro Stück	**ca. 415 kcal, E 4 g, F 22 g, KH 46 g**

500 g	Rosinen	400 g	Mehl Type 550 + Mehl zum
je 50 g	Orangeat und Zitronat		Arbeiten
50 ml	Rum	100 g	Marzipanrohmasse
50 g	Mandelstifte	450 g	Butter
125 ml	lauwarme Milch	1 TL	Salz
1 Würfel	frische Hefe (42 g)	Mark von ½	Vanilleschote
3 EL	Honig	1 TL	abgeriebene Zitronenschale
		etwa 150 g	Puderzucker

• Rosinen, Orangeat und Zitronat im Rum einweichen. Mandelstifte überbrühen und 10 Min. ziehen lassen. Abtropfen lassen, mit den Rumfrüchten mischen.

• Milch, zerbröckelte Hefe, Honig und 200 g Mehl vermengen und mit 1 EL Mehl bestäuben. Mischung an einem warmen Ort gehen lassen, bis die Oberfläche aufreißt (Step 1). Marzipanrohmasse fein reiben. Restliches Mehl, 200 g Butter in Flöckchen, Salz, Marzipan, Vanillemark, Zitronenschale, Rumfrüchte und Vorteig in eine Küchenmaschine geben und mit den Knethaken 8 Min. kneten. Teig zugedeckt 1 Std. an einem warmen Ort gehen lassen.

• Teig auf einer bemehlten Arbeitsfläche durchkneten und auf ein Backpapier geben. Zu einem Rechteck von etwa 20 cm × 35 cm formen und eine Längsseite zur Hälfte überklappen (Step 2). So erhält man die klassische Stollenform. Stollen zugedeckt über Nacht kalt stellen.

• Backofen auf 200° (Umluft 180°, Gas Stufe 4) vorheizen und Stollen 15 Min. backen. Den Ofen auf 180° (Umluft 160°, Gas Stufe 3) runterschalten und Stollen 45 Min. backen. Eventuell nach 25 Min. mit Backpapier abdecken. Restliche Butter schmelzen und Stollen sofort damit bestreichen (Step 3). Puderzucker darübersieben und einziehen lassen. Den Vorgang wiederholen, bis Puderzucker und Butter aufgebraucht sind.

1 2 3

Tipp

Den Stollen kurz vor dem Servieren nochmals ganz dick mit Puderzucker bestäuben.

Birnenbrot

braucht Zeit

3	Brote à etwa 500 g
	Zubereitungszeit 50 Min.
	Ruhezeit 12 Std.
	Gehzeit 1 Std. 10 Min., Backzeit 40 Min.
Pro Brot	ca. 1510 kcal, E 32 g, F 41 g, KH 249 g

250 g	Dörrbirnen	110 g	Rübensirup
125 g	getrocknete Feigen	500 g	Mehl + Mehl zum Ausrollen
50 g	Orangeat	1 Würfel	frische Hefe (42 g)
1 EL	Rosinen	1 EL	Zucker
100 g	ganze Haselnusskerne	200 ml	lauwarme Milch + 1 EL Milch
1 TL	gemahlener Zimt		zum Bestreichen
½ TL	Nelkenpulver	3	Eigelbe
1 TL	Pomeranzenschale	60 g	weiche Butter
	(ersatzweise Orangenschale)	1 Prise	Salz
evtl. 2 EL	Rum		

• Birnen in 250 ml Wasser 5 Min. weich kochen. Abgießen, abtropfen lassen und mit den Feigen fein würfeln. Orangeat, Rosinen und ganze Nüsse mit den Birnen- und Feigenwürfeln mischen. Gewürze, Rum und Rübensirup dazugeben, gut mischen und abgedeckt über Nacht bei Zimmertemperatur ziehen lassen.

• Für den Teig Mehl in eine Schüssel geben und in die Mitte eine Mulde drücken. Hefe hineinbröckeln und mit Zucker, lauwarmer Milch und wenig Mehl vom Rand zu einem Vorteig verrühren. Abgedeckt 10 Min. gehen lassen.

• 2 Eigelbe, Butter in Flöckchen und Salz dazugeben und alles zunächst mit den Knethaken des Handrührgerätes, dann mit den Händen zu einem glatten Teig verkneten. Abgedeckt 30 Min. an einem warmen Ort gehen lassen.

• Füllung mit der Hälfte des Teiges verkneten und drei kleine Brote formen. Teigrest auf Mehl dünn ausrollen, dritteln und jedes Brot in eine Teigplatte einwickeln. Brote auf ein mit Backpapier belegtes Backblech legen und 30 Min. ruhen lassen. Backofen auf 180° (Umluft 160°, Gas Stufe 3) vorheizen.

• Brote an der Oberfläche mehrmals mit einer Gabel einstechen. Restliches Eigelb und Milch verrühren und die Brote damit bestreichen. Brote im Ofen etwa 40 Min. goldbraun backen, gut abkühlen lassen und mindestens 24 Std. vor dem Anschneiden in Alufolie gewickelt oder in einer Blechdose aufheben.

Ananas-Kokos-Torte

lässt sich gut vorbereiten

16	**Stücke**
	Zubereitungszeit 1 Std.
	Backzeit 1 Std. 45 Min.
Pro Stück	**ca. 445 kcal, E 7 g, F 28 g, KH 43 g**

300 g	Mehl
2 TL	Backpulver
je 1 TL	gemahlener Ingwer und Piment
200 ml	Sonnenblumenöl
230 g	brauner Zucker
4	Eier
125 ml	heller Rübensirup
170 g	frisches Ananasfruchtfleisch
80 g	Kokosraspel
300 g	Möhren
1	Bio-Limette
80 g	weiche Butter
je 200 g	Frischkäse und fettarmer Frischkäse (16 % Fett)
100 g	Puderzucker
80 g	frisches Kokosnussfleisch

Tipp
Die Frischkäsecreme kann durch geschlagene Sahne ersetzt werden. Dann die Torte mit Ananaskonfitüre füllen.

● Backofen auf 160° (Umluft 140°, Gas Stufe 3) vorheizen. Für den Teig Mehl, Backpulver, Gewürze, Öl, Zucker, Eier und Sirup mit den Quirlen des Handrührgerätes verrühren. Ananas klein würfeln und mit Kokosraspeln mischen.

● Möhren schälen und fein raspeln. Möhren, Ananas und Kokosraspel unter den Teig heben. Den Boden einer Springform (∅ 20 cm) mit Backpapier auslegen und den Teig hineinfüllen. Kuchen im Ofen etwa 1 Std. 45 Min. backen (eventuell mit Backpapier abdecken).

● Für die Creme Limette abspülen, trocknen und die Schale abreiben. Weiche Butter schaumig schlagen, beide Frischkäsesorten unterrühren, Puderzucker und Limettenschale unterrühren. Mit 1–2 EL Limettensaft abschmecken.

● Abgekühlten Kuchen quer halbieren und die untere Hälfte mit 5–6 EL Creme bestreichen. Obere Hälfte daraufsetzen. Torte rundherum mit Creme bestreichen. Kokosfruchtfleisch mit einem Sparschäler in dünne Späne hobeln und auf die Torte streuen.

Weihnachtsmuffins

einfach | schnell | zum Verschenken

12	**Stück**
	Zubereitungszeit 35 Min.
	Backzeit 25 Min.
Pro Stück	**ca. 315 kcal, E 6 g, F 15 g, KH 40 g**

125 ml	Milch + 2–3 EL Milch für den Guss
100 g	Marzipanrohmasse
60 g	Butter
3	Eier
200 g	Mehl
1 TL	Backpulver
100 g	gemahlene Haselnusskerne
1–2 TL	Lebkuchengewürz
70 g	Zucker
1 Päckchen	Vanillezucker
200 g	Puderzucker
	Zuckerfiguren oder Zuckerperlen zum Verzieren

• Die Milch in einem Topf erwärmen. Marzipan zerbröckeln und unter Rühren in der Milch auflösen. Etwas abkühlen lassen.

• Marzipanmilch mit der Butter und den Eiern verrühren. Mehl, Backpulver, Haselnüsse, Lebkuchengewürz, Zucker und Vanillezucker in einer Schüssel mischen. Marzipanmilch mit der Mehlmischung gerade eben verrühren. Backofen auf 180° (Umluft 160°, Gas Stufe 3) vorheizen.

• Die Mulden der Muffinform mit Papierförmchen auslegen und den Teig zwei Drittel hoch einfüllen. Muffins im Backofen 20–25 Min. backen.

• Für den Guss Puderzucker mit 2–3 EL Milch zu einem zähflüssigen Guss verrühren. Muffins aus den Papierförmchen nehmen und umdrehen, sodass die glatte Seite oben ist. Muffins mit dem Guss bestreichen. Etwas antrocknen lassen, dann die weihnachtlichen Motive daraufsetzen.

Tipp Ohne Lebkuchengewürz im Teig und weihnachtlicher Verzierung sind es ganz normale Nuss-Muffins, die auch mit einer Nugat- oder Schokoladen-Glasur sehr gut schmecken.

Walnuss-Fruchtmix-Kuchen

einfach | schnell

12	**Stücke**
	Zubereitungszeit 30 Min.
	Backzeit 30 Min.
	Haltbarkeit 3 Wochen
Pro Stück	**ca. 300 kcal, E 4 g, F 16 g, KH 34 g**

75 g	kandierte Zitronenscheiben	75 g	Speisestärke
100 g	Walnusskerne	1 Msp.	Backpulver
150 g	weiche Butter	1 Prise	Salz
1	Ei	55 g	Früchte-Mix (Orangeat,
50 g	Puderzucker		Zitronat, Kirschen)
1 Päckchen	Vanillezucker	2 EL	Zucker zum Bestreuen
200 g	Mehl		

• Den Backofen auf 180° (Umluft 160°, Gas Stufe 3) vorheizen. Die Zitronenscheiben fein würfeln. Die Hälfte der Walnusskerne fein mahlen, den Rest mit einem Messer grob hacken.

• Butter mit den Quirlen des Handrührgerätes etwa 4 Min. cremig schlagen. Das Ei unterrühren. Puderzucker, Vanillezucker und die gemahlenen Nüsse dazugeben. Mehl, Stärke, Backpulver und Salz darübersieben und unter die Mischung rühren.

• Zitronenwürfel, Früchte-Mix und gehackte Walnüsse kurz mit den Händen unter den Teig kneten.

• Eine Tarteform (∅ 26 cm) mit Backpapier auslegen. Den Teig hineingeben und mit den Händen gleichmäßig am Boden andrücken. Teig mit einer Gabel mehrmals einstechen und im Ofen in etwa 30 Min. goldbraun backen.

• Herausnehmen und sofort mit Zucker bestreuen. Den Kuchen auf einem Kuchengitter abkühlen lassen und in 12 Stücke schneiden. Oder den Kuchen im Ganzen servieren, dann kann sich jeder ein beliebig großes Stück abbrechen.

Tipp Zitronen selbst kandieren: 2–3 Bio-Zitronen heiß abspülen und die Schale dünn abschälen. Saft auspressen. 125 g Zucker und 125 ml Zitronensaft so lange kochen, bis sich der Zucker aufgelöst hat. Zitronenschalen hineinlegen und über Nacht ziehen lassen. Die Schale herausnehmen, trocken tupfen und fein hacken. Den Sud für eine feine Limonade mit Mineralwasser aufgießen.

Schoko-Nuss-Torte

einfach | braucht etwas Zeit

16	**Stücke**
	Zubereitungszeit 1 Std.
	Backzeit 50 Min.
Pro Stück	**ca. 505 kcal, E 10 g, F 32 g, KH 45 g**

100 g	Vollmilchschokolade
100 g	Zwieback
1 Päckchen	Backpulver
10	Eier
200 g	Zucker
200 g	weiche Butter
200 g	gemahlene Haselnusskerne
250–300 g	Himbeergelee
300 g	Vollmilchkuvertüre
evtl. je 30 g	Zartbitter- und weiße Schokolade

Tipp
Zum Schneiden ein großes Messer mit Wellenschliff in heißes Wasser tauchen und die Torte damit schneiden. So schmilzt die Schokolade und zerbricht nicht.

• Für den Teig die Vollmilchschokolade fein reiben. Zwieback in einem Gefrierbeutel mit der Kuchenrolle zerkleinern und mit dem Backpulver mischen. Die Eier trennen. Eiweiße steif schlagen und kalt stellen. Eigelbe mit den Quirlen des Handrührgerätes hell und cremig schlagen. Den Zucker einrieseln lassen und weiterschlagen, bis er sich aufgelöst hat. Backofen auf 180° (Umluft 160°, Gas Stufe 3) vorheizen.

• Die weiche Butter unter die Eigelbcreme rühren. Haselnüsse, geriebene Schokolade und das Zwiebackmehl mit dem Backpulver dazugeben. Den Eischnee vorsichtig unterheben. Teig in eine am Boden mit Backpapier ausgelegte Springform (⌀ 28 cm) füllen. Im Backofen etwa 50 Min. backen. Im ausgeschalteten Ofen abkühlen lassen.

• Abgekühlten Kuchen einmal quer durchschneiden. Den unteren Boden mit dem Gelee bestreichen und den zweiten Boden darauflegen.

• Für die Glasur Vollmilchkuvertüre in Stücke brechen und über dem heißen Wasserbad schmelzen lassen. Eventuell Zartbitter- und weiße Schokolade in Stücke brechen, in je einen kleinen Gefrierbeutel füllen und diesen verschließen. Beutel in heißes Wasser legen und die Schokolade darin schmelzen lassen.

• Vollmilchkuvertüre über die Torte gießen und mit einem breiten Messer verstreichen. Von den Gefrierbeuteln je eine Ecke abschneiden und die Schokolade in Streifen über die noch flüssige Glasur geben. Schokolade fest werden lassen.

Tee-Baklava

einfach

16	Stücke
	Zubereitungszeit 45 Min.
	Backzeit 20 Min.
	Ruhezeit 3 Std.
	Haltbarkeit 10 Tage (in einer Blechdose)
Pro Stück	ca. 150 kcal, E 3 g, F 8 g, KH 16 g

2	längliche TK-Blätterteig-Platten (150 g)
je 75 g	gehackte Pistazien und Mandeln
100 g	getrocknete Feigen
½ TL	gemahlener Kardamom
1	Eiweiß
165 g	Zucker
1 Prise	Salz
	Mehl zum Ausrollen
1 EL	Butter
2–3 Beutel	Rotbuschtee (Rooibos-Tee)
4–5	zerdrückte Kardamonkapseln

Tipp
Statt Kardamon Zimt
nehmen oder die Feigen
durch Datteln ersetzen.

• Die Blätterteig-Platten nebeneinanderlegen und etwa 10 Min. antauen lassen. Den Backofen auf 200° (Umluft 180°, Gas Stufe 4) vorheizen.

• Für die Füllung Pistazien und Mandeln in einer Pfanne ohne Fett anrösten. Herausnehmen und abkühlen lassen. Feigen fein hacken und mit dem Kardamom mischen. Eiweiß, 1 EL Zucker und Salz steif schlagen und mit den Nüssen und den Feigen mischen.

• Die Blätterteig-Platten jeweils auf einer bemehlten Arbeitsfläche rund ausrollen (Ø etwa 24 cm). Eine Teigplatte in eine kleine Obstkuchenform (Ø 24 cm) legen und andrücken. Die Feigenmischung daraufgeben und verstreichen. Die zweite Teigplatte darauflegen und rautenförmig einschneiden.

• Butter schmelzen und die Teigplatte damit bestreichen. Baklava im Backofen etwa 20 Min. goldbraun backen. Für den Sirup 100 ml Wasser, die Teebeutel, restlichen Zucker und Kardamomkapseln aufkochen. Unter Rühren etwa 5 Min. sirupartig einkochen lassen. Sirup vom Herd nehmen und durch ein Sieb gießen.

• Baklava aus dem Ofen holen, sofort mit dem Sirup bestreichen und mindestens 3 Std. durchziehen lassen.

Honigkuchen

einfach

30	**Stücke**
	Zubereitungszeit 45 Min.
	Backzeit 20 Min.
	Haltbarkeit ca. 2 Wochen (in Blechdosen)
Pro Stück	ca. 195 kcal, E 3 g, F 5 g, KH 33 g

250 g	Honig	2 EL	Rum
100 g	Butter oder Margarine	1 EL	Kakaopulver
2	Eier	150 g	Korinthen
125 g	brauner Zucker	100 g	gehackte Mandeln
375 g	Mehl	100 g	Quittengelee
1 TL	Pottasche (5 g)	200 g	Puderzucker
2 EL	Lebkuchengewürz	4 EL	Milch
½ TL	Zitronenschalenaroma	etwa 50 g	Zuckerperlen

• Den Honig und die Butter in einem Topf erhitzen und wieder abkühlen lassen. Den Backofen auf 180° (Umluft 160°, Gas Stufe 3) vorheizen. Die Hälfte eines Backbleches mit dreifach gefalteter Alufolie abtrennen und mit Backpapier auslegen.

• Eier und Zucker mit den Quirlen des Handrührgerätes schaumig schlagen. Die Honig-Butter-Mischung und das Mehl unterrühren.

• Die Pottasche und 1 EL Wasser verrühren und mit dem Lebkuchengewürz, Zitronenschalenaroma, Rum, Kakao, abgespülten Korinthen und Mandeln zum Teig geben. Alles mit den Knethaken des Handrührgerätes verkneten.

• Den Teig auf das Backblech streichen und etwa 20 Min. backen. Kuchen auf ein Kuchengitter stürzen und abkühlen lassen. Backpapier abziehen.

• Quittengelee erwärmen und auf den Kuchen streichen. Gelee antrocknen lassen. Zum Verzieren Puderzucker und Milch zu einem dicken Guss verrühren und den Kuchen damit bestreichen. Sofort die Zuckerperlen daraufstreuen und den Guss fest werden lassen. Den Honigkuchen in etwa 30 Streifen schneiden.

Tipps Die Honigkuchen schmecken auch mit einer dicken Schokoladenglasur. Noch schokoladiger: Den Kuchen mit Schokostreuseln statt mit Zuckerperlen bestreuen.

Pottasche bekommt man zur Weihnachtszeit im Supermarkt und das ganze Jahr über in der Apotheke.

Irischer Früchtekuchen

mit Whisky | gut vorzubereiten

etwa 25	**Stücke**
	Zubereitungszeit 1 Std. 5 Min.
	Ruhezeit 2 Tage + 4 Tage
	Backzeit 1 Std. 10 Min.
	Haltbarkeit 3–4 Wochen (gut verpackt)
Pro Stück	ca. 365 kcal, E 5 g, F 19 g, KH 34 g

400 g	Trockenfrüchte	200 g	gehackte Haselnusskerne
je 50 g	Zitronat und Orangeat	je 1 Msp.	gemahlener Kardamom,
350 ml	Whisky		Ingwer und Muskatnuss
100 g	Zartbitterschokolade	½ TL	gemahlener Zimt
100 g	Marzipanrohmasse	je 1	Bio-Orange und Bio-Zitrone
200 g	kandierte Kirschen		Fett und gemahlene Nüsse
200 g	Mehl		für die Form
1 TL	Backpulver	100 ml	starker Mokka
2 EL	Kakaopulver	200 g	dunkle Kuchenglasur
200 g	weiche Butter	Für die Deko	Walnüsse, kandierte
200 g	Zucker		Kirschen, Mandeln
5	Eier		

• Trockenfrüchte würfeln, mit Zitronat, Orangeat und 250 ml Whisky in ein Schraubglas füllen, fest verschließen und 2 Tage ziehen lassen.

• Schokolade grob hacken. Marzipan klein würfeln. Kirschen halbieren. Mehl, Backpulver und Kakao mischen. Butter und Zucker mit den Quirlen des Handrührgerätes cremig schlagen. Nach und nach abwechselnd Mehlmischung und Eier unterrühren. Schokolade, Nüsse, Marzipan und Gewürze dazugeben.

• Orange und Zitrone heiß abspülen, abtrocknen und die Schale abreiben. Schalen, halbierte Kirschen und Whisky-Früchte mit Flüssigkeit zum Teig geben und alles verrühren. Ofen auf 160° (Umluft 140 °, Gas Stufe 2) vorheizen.

• Teig in eine gefettete und mit gemahlenen Nüssen ausgestreute Gugelhupf- oder Kranzform (2,5 l Inhalt) geben und etwa 1 Std. 10 Min. backen. Den heißen Kuchen in der Form lassen und mit einem Holzspieß mehrmals einstechen.

• Restlichen Whisky und Mokka mischen und den Kuchen damit beträufeln. Kuchen abkühlen lassen und aus der Form stürzen. Glasur über dem Wasserbad schmelzen, Kuchen damit überziehen und mit Walnüssen, Kirschen und Mandeln verzieren. Kuchen gut verpackt 3–4 Tage durchziehen lassen.

Geschenke zum Aufessen

Natürlich können Sie durch die Fußgängerzone hetzen, um für Tante Regina ein Duschgel zu kaufen. Sie können sich aber auch gemütlich in die kuschelig warme Küche stellen und ein Geschenk backen, kochen, rühren, das garantiert ankommt!

Shortbread-Adventskalender

raffiniert

24	**Stücke**
	Zubereitungszeit 1 Std.
	Kühlzeit 1 Std. + 2 Std.
	Backzeit 12 Min. pro Teigplatte
	Haltbarkeit 1.–24. Dez.
Pro Stück	**ca. 155 kcal, E 3 g, F 9 g, KH 17 g**

100 g	kalte Butter		60 ml	Kondensmilch
200 g	Mehl + Mehl zum Ausrollen		50 g	ungesalzene Pistazien
75 g	Zucker		50 g	getrocknete Cranberrys
1 Prise	Salz			getrocknete Hülsenfrüchte
1	Eigelb			zum Beschweren
250 g	weiße Kuvertüre		1 TL	Kakaopulver

• Für den Mürbeteig Butter in Flöckchen mit Mehl, Zucker, Salz und Eigelb mit den Knethaken des Handrührgerätes, dann mit den Händen schnell zu einem glatten Teig verkneten. In Folie wickeln und 1 Std. kalt stellen.

• Den Backofen auf 200° (Umluft 180°, Gas Stufe 4) vorheizen. Mürbeteig in zwei Portionen teilen. Jede Portion auf der bemehlten Arbeitsfläche etwa 5 mm dick zu einem Kreis (∅ 20 cm) ausrollen. Teigplatten auf mit Backpapier ausgelegte Backbleche legen.

• Mit Messer und Lineal 24 »Tortenstückchen« in einen der Böden einritzen. In jedes Stück mit dem BRIGITTE-Ausstechset (s. Tipp Seite 138) ein Datum gravieren. Die Teigböden nacheinander im Ofen etwa 12 Min. backen, abkühlen lassen. Um den ungravierten Boden einen flexiblen Tortenring legen.

• Für die Füllung die Kuvertüre hacken und mit der Kondensmilch im Wasserbad erwärmen, bis sie geschmolzen ist. Pistazien und Cranberrys unterrühren.

• Die Füllung auf dem Boden verteilen und den zweiten Teigboden fest auf die Füllung drücken. Backpapier darauflegen und so viele Hülsenfrüchte auf den Kuchen geben, dass der Tortenring bis oben hin gefüllt ist. Im Kühlschrank 2 Std. fest werden lassen. Hülsenfrüchte und Papier entfernen. Kuchen mit einem Messer vom Tortenring lösen.

• Aus Papier eine kleine Sternschablone schneiden und auf den Kuchen legen. Kakao in ein feines Sieb geben und darüberstäuben.

Schoko-Marshmallows

einfach | raffiniert | für Kinder

etwa 36	**Stück**
	Zubereitungszeit 1 Std.
	Ruhezeit (zum Festwerden) 4 Std.
	Haltbarkeit max. 3 Tage
Pro Stück	**ca. 85 kcal, E 1, F 1 g, KH 17 g**

450 g	Zucker
15 ml	flüssige Glukose (Apotheke)
8 Tropfen	Vanillearoma
25 g	Gelatinepulver
2	ganz frische Eiweiße
3–4 EL	Speisestärke
3–4 EL	Puderzucker
	Öl für die Form
etwa 150 g	Vollmilchschokolade

Tipp

Ein ganz schnelles Geschenk: gekaufte Marshmallows in Schokolade tauchen.

● Zucker, Glukose und 200 ml Wasser in einem Topf erhitzen und rühren, bis sich der Zucker aufgelöst hat. Den Sirup etwa 3 Min. zugedeckt kochen lassen. Das Vanillearoma dazugeben.

● Gelatine und 100 ml Wasser in einer Metallschüssel mischen und über einem heißen Wasserbad auflösen. Die Eiweiße steif schlagen. Den heißen Sirup unter ständigem Rühren unter den Eischnee mischen. Gelatine ebenfalls unterrühren. Die Masse etwa 10 Min. weiterschlagen, bis sie steif und dick ist.

● Stärke und Puderzucker mischen. Eine quadratische Form (20 cm Seitenlänge) dünn mit Öl bestreichen und etwas Stärke-Zucker-Mischung hineinsieben. Die Marshmallow-Creme in die Form gießen, glatt streichen und in 4 Std. im Kühlschrank fest werden lassen.

● Die Arbeitsfläche dünn mit der restlichen Stärkemischung bestreuen und die Masse daraufstürzen. Mit einer eingeölten Ausstechfom (∅ etwa 3 cm) runde Marshmallows ausstechen oder die Masse in 3 cm große Würfel schneiden.

● Die einzelnen Stücke rundherum mit der Stärkemischung einpudern, damit sie nicht zusammenkleben. Schokolade hacken, in eine Metallschüssel geben und über dem heißen Wasserbad schmelzen lassen.

● Ein Stöckchen oder Schaschlikspieß in jedes Marshmallow stechen. Marshmallows etwa bis zur Hälfte kurz in die Schokolade tauchen und trocknen lassen.

Orangen-Turron

raffiniert

etwa 80	**Stück**
	Zubereitungszeit 1 Std. 15 Min.
	Trockenzeit 12 Std.
	Haltbarkeit 2 Wochen (gut verpackt)
Pro Stück	ca. 30 kcal, E 1 g, F 1 g, KH 4 g

150 g	ganze ungeschälte Mandeln
50 g	kandierte Orangenscheiben
1	Eiweiß (Größe L)
1 Prise	Salz
50 g	Zucker
110 g	Orangenhonig
110 g	dickflüssiger Zuckersirup (z. B. Barsirup von Riemerschmid)
etwa 80	Backoblaten (⌀ 5 cm)
100 g	»Kuvertüre-Chips-Orange« oder weiße Kuvertüre (s. Tipp)

• Mandeln grob hacken und in einer Pfanne ohne Fett anrösten. Herausnehmen und abkühlen lassen. Kandierte Orangenscheiben in kleine Würfel schneiden.

• Eiweiß und Salz mit den Schneebesen der Küchenmaschine steif schlagen. Zucker langsam einrieseln lassen und schlagen, bis er sich aufgelöst hat.

• Honig und Zuckersirup aufkochen und sofort in dünnem Strahl unter ständigem Schlagen zum Eischnee gießen. 15 Min. schlagen, bis die Masse kalt ist. Geröstete Mandeln und Orangenwürfel unterheben. Jeweils 1–2 TL Eiweißmasse auf etwa 40 Oblaten streichen. Die restlichen Oblaten darauflegen und das Ganze über Nacht bei Zimmertemperatur trocknen lassen.

• Oblaten mit einem scharfen Messer vorsichtig halbieren. Die Masse ist klebrig.

• Kuvertüre-Chips auf dem Wasserbad schmelzen lassen. Flüssige Kuvertüre in einen Gefrierbeutel füllen und diesen verschließen. Eine kleine Ecke vom Gefrierbeutel abschneiden. Kuvertüre in feinen Streifen über die Plätzchen ziehen und trocknen lassen.

Tipps Möglichst mit einer Küchenmaschine arbeiten. Der Motor eines Handrührgerätes ist für einen Dauerbetrieb von über 10 Min. nicht ausgelegt.

Die »Kuvertüre-Chips-Orange« gibt es unter www.hobbybäcker.de. Oder weiße Kuvertüre schmelzen und etwas frisch abgeriebene Orangenschale und gelbe und rote Speisefarbe unterrühren.

Stutenkerle

für Kinder

etwa 20	**Stück**
	Zubereitungszeit 50 Min.
	Backzeit 20 Min. pro Blech
	Haltbarkeit 3 Tage (gut verpackt)
Pro Stück	**ca. 160 kcal, E 4 g, F 8 g, KH 18 g**

2	Eier
100 g	Zucker
1 Päckchen	Vanillezucker
½	Vanilleschote
200 g	Magerquark
8 EL	Milch
8 EL	Rapsöl
100 g	Walnusskerne
300 g	Mehl (Type 1050) + Mehl zum Ausrollen
2 gestr. TL	Backpulver
80–100	Korinthen für die Deko

• Für den Teig 1 Ei, Zucker und Vanillezucker mit den Quirlen des Handrühr-gerätes schaumig schlagen. Die Vanilleschote längs aufschneiden und das Mark mit einem spitzen Messer herauskratzen. Quark, 6 EL Milch, Öl und das Vanille-mark zur Ei-Zucker-Mischung geben und unterrühren.

• Die Walnusskerne fein mahlen und mit dem Mehl und dem Backpulver mischen. Nach und nach unter die bereits verrührten Zutaten kneten.

• Den Teig auf einer bemehlten Arbeitsfläche knapp 1 cm dick ausrollen. Stuten-kerle mit einem spitzen Messer ausschneiden oder mit einer entsprechenden Ausstechform ausstechen. Die Männchen sind etwa 13 cm lang.

• Den Backofen auf 180° (Umluft 160°, Gas Stufe 3) vorheizen. Zum Bestreichen restliches Ei und restliche Milch verquirlen und die Stutenkerle damit bestrei-chen. Für die Augen und die Knopfleiste Korinthen in die Männchen drücken.

• Die Stutenkerle auf mit Backpapier ausgelegte Backbleche legen und im vorgeheizten Backofen nacheinander in etwa 20 Min. goldbraun backen. Even-tuell mit einer Kordel verzieren. Sie schmecken am besten frisch.

Espressopralinen

braucht etwas Übung

60	**Stück**
	Zubereitungszeit 1 Std.
	Kühlzeit 2 Std.
	Haltbarkeit 2 Wochen (im Kühlschrank)
Pro Stück	**ca. 65 kcal, E 1 g, F 4 g, KH 6 g**

2 EL	Espressobohnen
400 g	Vollmilchkuvertüre
75 g	Sahne
100 g	weiße Kuvertüre
60	Vollmilch-Viereckschalen oder Trüffel-Hohlkörper (gibt es in gut sortierten Haushaltsfachgeschäften oder im Internetversand, z. B. bei www.hobbybäcker.de)

• Espressobohnen in einem Mörser fein zerstoßen. 300 g Vollmilchkuvertüre hacken und mit der Sahne in einer Metallschüssel auf dem Wasserbad bei kleiner Hitze langsam schmelzen lassen. Zerstoßene Espressobohnen unterrühren. Die Masse mindestens 2 Std. bei Zimmertemperatur abkühlen lassen.

• Weiße Kuvertüre und restliche Vollmilchkuvertüre getrennt fein hacken und getrennt über dem Wasserbad bei kleiner Hitze langsam schmelzen lassen. Jede Kuvertüre in einen Spritzbeutel mit kleiner Lochtülle füllen.

• Jeweils zwei Schokoladenkreise nebeneinander auf eine feste Folie (z. B. feste Gefrierbeutel) spritzen und mit einem Holzspieß Schlieren durch die Schokolade ziehen. Mit Folie bedecken, leicht andrücken und etwa 20 Min. kalt stellen.

• Trüffelmasse mit den Quirlen des Handrührgerätes auf kleinster Stufe cremig und luftig aufschlagen und in einen Spritzbeutel mit Lochtülle füllen. Masse in die Viereckschalen spritzen.

• Obere Folie von den Schokoladenplättchen abziehen, die Schokolade in kleine Quadrate schneiden. Diese vorsichtig von der Folie lösen und die gefüllten Viereckschalen damit bedecken. Kalt stellen.

Tipp Die Pralinen können auch ohne Hohlkörper hergestellt werden: Die Masse in etwa 40 Tupfen auf ein Blech spritzen, 30 Min. in den Kühlschrank stellen und anschließend zwischen den Handflächen schnell zu Kugeln drehen. Nochmals kühlen. Die Kugeln in 450 g geschmolzene Vollmilchkuvertüre tauchen. Mit den Schokoplättchen abdecken und kühl stellen.

Klassiker

Schokotrüffel mit Calvados

Gute Pralinen sind teuer und kommen meist aus Belgien. Gute Pralinen kann man auch selber machen. Dann machen sie meist ein bisschen Arbeit. Diese hier sind gut, nicht teuer und machen auch nicht viel Arbeit. Ein dreifaches Hoch auf diese Schokotrüffel!

etwa 60	**Stück**
	Zubereitungszeit 1 Std.
	Ruhezeit (zum Festwerden) 1 Std.
	Haltbarkeit 2 Wochen (gut verpackt und kühl)
Pro Stück	**ca. 50 kcal, E 0 g, F 4 g, KH 3 g**

300 g	Zartbitterkuvertüre
250 g	Sahne
50 g	weiche Butter
3–4 EL	Calvados (Apfelbranntwein)
60	Pinienkerne (10 g)
1–2 EL	Kakaopulver

• Die Kuvertüre hacken und in eine Metallschüssel geben. Die Sahne aufkochen lassen und kochend heiß über die Kuvertüre gießen (Step 1). Die Mischung so lange rühren, bis sich die Kuvertüre aufgelöst hat.

• Butter und Calvados dazugeben, gut verrühren und die Mischung bei Zimmertemperatur in ca. 1 Std. fest werden lassen.

• Inzwischen die Pinienkerne in einer Pfanne ohne Fett goldbraun rösten. Herausnehmen und abkühlen lassen.

• Die feste Trüffelmasse mit einem Schneebesen aufschlagen, bis sie wieder cremig und geschmeidig ist (Step 2). Die Trüffelmasse in einen Spritzbeutel mit großer Lochtülle füllen.

• Ein Brett oder ein flaches Küchentablett dünn mit der Hälfte des Kakaopulvers bestäuben. Einen großen Tupfen Trüffelmasse direkt auf den Kakao spritzen und einen kleinen Tuff obendrauf spritzen (Step 3). Die Trüffel dünn mit dem restlichen Kakao bestäuben und mit je 1 gerösteten Pinienkern verzieren.

Tipp Wenn auch Kinder Trüffel geschenkt bekommen, kann man den Calvados durch frisch gepressten Orangensaft ersetzen und die Trüffel mit kleinen Stückchen Orangeat verzieren.

Ingwertrüffel *mit Krokant*

braucht Zeit und etwas Übung

35	**Stück**
	Zubereitungszeit 1 Std. 30 Min.
	Kühlzeit 30 Min.
	Haltbarkeit 2 Wochen (im Kühlschrank)
Pro Stück	**ca. 70 kcal, E 1 g, F 4 g, KH 8 g**

40 g	Ingwer in Zuckersirup (z. B. von Hussel)
300 g	Zartbitterkuvertüre
50 g	Vollmilchkuvertüre
50 g	Sahne
15 g	rosa Pfefferbeeren
75 g	Haselnusskrokant

• Ingwer durch eine stabile Knoblauchpresse drücken oder ganz fein hacken. 100 g Zartbitterkuvertüre und die Vollmilchkuvertüre grob hacken und mit der Sahne im Wasserbad bei kleiner Hitze langsam schmelzen. Den Ingwer unterrühren und die Masse abkühlen lassen.

• Die Masse mit den Quirlen des Handrührgerätes auf kleiner Stufe cremig aufschlagen. Creme in einen Spritzbeutel füllen und etwa 35 Tupfen auf ein Tablett oder Brett (muss in den Kühlschrank passen) spritzen. Tupfen 30 Min. kühlen und dann zwischen den Handflächen schnell zu Kugeln rollen. Nochmals kalt stellen. Die Tupfen müssen gut durchgekühlt sein.

• Pfefferbeeren und Krokant im Mörser oder Blitzhacker fein zerstoßen und in einen kleinen tiefen Teller geben.

• Restliche Zartbitterkuvertüre grob hacken und in einer Metallschüssel über dem Wasserbad bei kleiner Hitze langsam schmelzen lassen. Die kalten Trüffel in die flüssige Kuvertüre tauchen, abtropfen lassen und in der Pfeffer-Krokant-Mischung wälzen. Auf Backpapier ablegen und trocknen lassen.

• Zum Verschenken in Pralinenmanschetten setzen oder einzeln in Pergamentpapier verpacken.

Tipps Statt in Pfefferkrokant kann man die Pralinen in zerkleinerten Cornflakes, gehackten Mandeln oder gehackten ungesalzenen Erdnüssen wälzen.

Peppig: in die Trüffelmasse etwas Chilipulver geben.

Ingwerbier

braucht Zeit | raffiniert | mit Alkohol

6 Flaschen	(à 0,75 l)
	Zubereitungszeit 45 Min.
	Kühlzeit 4 Tage
	Haltbarkeit 1 Woche (im Kühlschrank)
Pro Flasche	ca. 440 kcal, E 2 g, F 1 g, KH 104 g

250 g	frischer Ingwer
500 g	Zucker
150 g	Rosinen
1 Päckchen	Trockenhefe

• Den Ingwer schälen, in große Stücke schneiden und diese grob zerdrücken.

• 4,5 l Wasser, Zucker und zerdrückten Ingwer in einem großen Topf aufkochen. Alles lauwarm abkühlen lassen.

• Rosinen und Hefe zufügen und alles gut verrühren. Die Mischung abgedeckt für etwa zwei Tage kalt stellen.

• Die Flaschen (0,75 ml Inhalt; mit Bügelverschluss) gründlich reinigen und mit kochend heißem Wasser ausspülen. Gut abtropfen lassen.

• Das Ingwerbier durch ein feines Sieb gießen und in die Flaschen füllen. Gut verschließen und nochmals zwei Tage aufrecht in den Kühlschrank stellen.

• Flaschen ganz vorsichtig öffnen, weil das Bier viel Kohlensäure entwickelt und stark sprudelt. Bleiben die Flaschen einige Tage länger stehen, am besten alle zwei Tage kurz öffnen und etwas Druck aus den Flaschen lassen.

Tipps Wichtig! Durch die schnell fortschreitende Gärung lässt sich das Ingwerbier nur kurz lagern – nach maximal einer Woche sollte es ausgetrunken sein. Weil sich ständig neues Kohlendioxid bildet, sollten Sie Flaschen aus dickem Glas mit Bügelverschluss nehmen, weil andere eventuell platzen könnten. Das Bier immer kalt lagern, bei höherer Temperatur entsteht noch mehr Kohlensäure.

Zum Verschenken einen kleinen Zettel mit Rezept und Lageranweisung an den Flaschenhals binden.

Käseschnecken

einfach

etwa 75	**Stück**
	Zubereitungszeit 45 Min.
	Kühlzeit 1 Std., Backzeit 15 Min. pro Blech
	Haltbarkeit 3 Wochen (gut verpackt)
Pro Stück	**ca. 60 kcal, E 2 g, F 4 g, KH 5 g**

500 g	Mehl + Mehl zum Ausrollen
250 g	kalte Butter
	Salz
2	Eier
80 g	Cheddar-Käse
¼ TL	Chiliflocken
60 g	Appenzeller Käse
¼ TL	grob geschroteter schwarzer Pfeffer
80 g	Gorgonzola-Käse
¼ TL	grob zerstoßene rosa Pfefferbeeren

● Für den Teig Mehl, Butter in kleinen Flöckchen, Salz und Eier zunächst mit den Knethaken des Handrührgerätes, dann mit den Händen zu einem glatten Teig verkneten. Den Teig in drei gleich große Portionen teilen. Jede Portion in Frischhaltefolie wickeln und etwa 1 Std. kalt stellen. Den Backofen auf 180° (Umluft 160°, Gas Stufe 3) vorheizen.

● Für die Käsefüllungen den Cheddar-Käse fein reiben und mit den Chiliflocken mischen. Den Appenzeller Käse ebenfalls fein reiben und mit dem geschroteten Pfeffer mischen. Gorgonzola-Käse mit einer Gabel fein zerdrücken und die rosa Pfefferbeeren unterkneten.

● Jede Teigportion auf wenig Mehl zu einem Rechteck (20 × 25 cm) ausrollen. Jeweils eine Käsefüllung darauf verteilen und die Teigplatten aufrollen. Die Rollen in etwa ½ cm dicke Scheiben schneiden. Die Schnecken auf mit Backpapier ausgelegte Backbleche legen und im vorgeheizten Backofen pro Blech etwa 15 Min. backen.

● Die Käseschnecken vorsichtig auf ein Kuchengitter legen und vor dem Verpacken ganz abkühlen lassen.

Tipp Schnecken in Zellophantüten packen und diese mit einer Weihnachtsschleife zubinden.

Orangen-Ingwer-Senf

einfach | preiswert | raffiniert

Für etwa 400 Gramm
Zubereitungszeit 25 Min.
Ruhezeit 24 Std.
Haltbarkeit 3 Monate (im Kühlschrank)
Pro Portion (1 EL à 16 g) ca. 35 kcal, E 1 g, F 1 g, KH 4 g

80 g	helle Senfkörner
20 g	dunkle Senfkörner
140 ml	Apfelessig
100 ml	Apfelwein (Cidre)
2	Bio-Orangen
1 Stück	eingelegter Ingwer (etwa 16 g)
4 EL	Honig
1 Prise	Salz

• Helle und dunkle Senfkörner mischen und mit Essig und Wein in eine Glas- oder Kunststoffschüssel geben und verrühren. Mindestens 24 Std. ziehen lassen (dabei werden die Bitterstoffe im Senf zu scharfen Senfölen umgewandelt).

• Senfkörner mit einem Stabmixer grob pürieren. Orangen heiß abspülen, trocken tupfen und die Schale abreiben.

• Ingwer fein hacken. Ingwer, 4 TL Orangenschale und Honig mit dem Senf verrühren. Mit Salz abschmecken.

• Senf in zwei heiß ausgespülte Gläser füllen und gut verschließen. Senf im Kühlschrank aufbewahren.

Tipps Senfkörner bekommt man im Gewürzregal im Supermarkt. Dunkle Senfkörner sind übrigens schärfer als helle.

Wer mag, gibt noch mehr Ingwer dazu. Auch frischer Ingwer – gut zerdrückt – passt in den Senf.

Senffrüchte

gut vorzubereiten

etwa 4	**Portionen**
	Zubereitungszeit 1 Std.
	Ruhezeit 4 Tage
	Haltbarkeit 1 Monat (kalt und fest verschlossen)
Pro Portion	ca. 255 ckal, E 4 g, F 1 g, KH 55 g

1 kg	Obst (Apfel, Birne, Ananas, Mango)
750 g	Zucker
125 ml	Weißweinessig
½	Zimtstange
5	Nelken
1 TL	Korianderkörner
2	Sternanis
4	Kardamomkapseln
50 g	Senfpulver

• Die Früchte putzen, schälen, eventuell entkernen und das Fruchtfleisch in daumengroße Stücke schneiden.

• Den Zucker, 125 ml Wasser, den Essig und die Gewürze aufkochen und 5 Min. offen bei kleiner Hitze kochen lassen.

• Die Früchte dazugeben und 7 Min. offen sprudelnd kochen lassen. Die Früchte mit einer Schaumkelle aus dem Sud nehmen, gut abtropfen lassen und auf vier saubere Gläser verteilen.

• Das Senfpulver in den Sud geben und gut unterrühren. Etwa 10 Min. bei starker Hitze sprudelnd kochen lassen. Den heißen Sud über die Früchte gießen.

• Die Gläser sofort fest verschließen und die Senffrüchte noch 3–4 Tage durchziehen lassen.

Tipps Für die Zubereitung von Senffrüchten eignen sich auch Trockenfrüchte wie zum Beispiel Pflaumen, Aprikosen oder Birnen.

Senffrüchte schmecken als Beilage zu kaltem Fleisch oder Gegrilltem.

Eingelegte Oliven

einfach

2	**Gläser**
	Zubereitungszeit 15 Min.
	Ruhezeit 4 Tage
	Haltbarkeit 2 Wochen (im Kühlschrank)
Pro Glas	ca. 620 kcal, E 10 g, F 56 g, KH 17 g

75 g	ganze geschälte Mandeln
1½ EL	Fenchelsamen
je 300 g	schwarze und grüne Oliven mit Stein (neutral in Wasser eingelegt)
40 g	Korinthen
	Meersalz
etwa 200 ml	gutes Olivenöl

• Die Mandeln in einer Pfanne ohne Fett etwas anrösten. Herausnehmen und abkühlen lassen. Die Fenchelsamen in einem Mörser grob zerstoßen.

• Geröstete Mandeln, Fenchelsamen, Oliven, Korinthen, Meersalz und Olivenöl in einer Rührschüssel gut vermischen. Zwei saubere Schraubgläser kurz mit kochendem Wasser füllen und abtropfen lassen.

• Die Olivenmischung in die zwei Gläser füllen und so viel Olivenöl dazugießen, dass alle Zutaten davon bedeckt sind. Gläser fest zuschrauben und die Oliven mindestens vier Tage durchziehen lassen.

Tipps Je nach Olivenölsorte kann das Öl im Kühlschrank fest werden. Dann das Glas einfach etwas früher herausnehmen, sodass das Öl langsam Zimmertemperatur bekommt und wieder flüssig ist, wenn die Oliven serviert werden.

Wenn die Oliven verbraucht sind, das aromatisierte Öl für Salatsaucen und Nudelgerichte verwenden.

Weihnachts-essen

Vegetarisch, Fisch oder Fleisch, aufwendig oder einfach und schnell – hier werden die wirklich dringenden Weihnachtswünsche alle erfüllt. Auch, wenn Sie im vergangenen Jahr nicht so brav waren!

Möhrenessenz *mit Polenta*

vegetarisch | schmeckt Kindern

6	**Portionen**
	Zubereitungszeit 1 Std. 25 Min.
Pro Portion	**ca. 105 kcal, E 4 g, F 1 g, KH 19 g**

¼ l	fettarme Milch
¼ l	Gemüsebrühe
125 g	Polenta-Grieß (Maisgrieß)
1 kg	Möhren (am besten Bundmöhren)
1 l	Gemüsefond oder kräftige Gemüsebrühe
1	Zimtstange
1 TL	Pfefferkörner
1	Wacholderbeere
1	Zweig Thymian
	Salz, frisch gemahlener Pfeffer
	evtl. etwas Zucker
evtl. 1 Bund	Kerbel

• Für die Polenta-Sterne Milch und Brühe zusammen aufkochen, dann den Grieß einstreuen und so lange unter Rühren kochen (Achtung, kann spritzen!), bis sich die Polenta als dicker Kloß vom Topfboden löst.

• Die Masse etwa 1 cm dick auf ein mit Backpapier ausgelegtes Blech streichen und kalt werden lassen. Mit einem Keksausstecher Sterne daraus ausstechen oder die Masse in Rauten schneiden.

• Für die Möhrenessenz die Möhren schälen und fein reiben, eine Möhre für später ungeschält beiseitelegen. Geriebene Möhren, Gemüsefond, Gewürze und Thymian in einen Topf geben, aufkochen und bei kleiner Hitze zugedeckt 30 Min. ganz sanft kochen lassen.

• Die Brühe durch ein feines Sieb gießen und mit Salz, Pfeffer und eventuell etwas Zucker abschmecken. Die restliche Möhre schälen und in sehr dünne Streifen (»Julienne«) schneiden. Kurz vor dem Servieren die Brühe gut erhitzen, die Möhrenstreifen 2–3 Min. darin ziehen lassen. Die Polenta-Sterne in Suppentassen verteilen, mit sehr heißer Möhrenessenz und Möhrenstreifen auffüllen und eventuell mit Kerbelblättchen garnieren.

Tipp Eventuell noch einen Schuss Sherry in die Brühe geben.

Kartoffel-Sahne-Suppe mit Gänsebrust

einfach | gut vorzubereiten

4	**Portionen**
	Zubereitungszeit 40 Min.
Pro Portion	**ca. 360 kcal, E 11 g, F 20 g, KH 33 g**

800 g	mehligkochende Kartoffeln
2	Zwiebeln
1 Stange	Porree
50 g	Butter oder Margarine
1 l	Fleischbrühe
3	Scheiben Toastbrot
	Salz
100 g	saure Sahne
	frisch gemahlener Pfeffer
½ TL	gerebelter Majoran
100 g	geräucherte Gänsebrust in Scheiben

• Kartoffeln abspülen, schälen und grob würfeln. Zwiebeln abziehen und fein würfeln. Porree putzen, gründlich abspülen und in Stücke schneiden.

• Die Hälfte der Butter in einem Topf erhitzen. Zwiebelwürfel und Porreestücke darin glasig dünsten.

• Kartoffeln und Brühe dazugeben und 20 Min. kochen lassen. Inzwischen für die Croûtons das Toastbrot entrinden und die Scheiben in Würfel schneiden. Brotwürfel im restlichen heißen Fett goldbraun rösten. Herausnehmen und salzen.

• Suppe mit dem Stabmixer pürieren oder durch die Flotte Lotte drehen. Saure Sahne unterrühren und die Suppe mit Salz, Pfeffer und Majoran abschmecken.

• Von der Gänsebrust den Fettrand entfernen und das Fleisch in Streifen schneiden. Suppe in vorgewärmte Teller geben und mit Gänsebruststreifen und Croûtons bestreuen.

Kürbis-Rote-Bete-Tartes

vegetarisch | raffiniert

6 Portionen
Zubereitungszeit 1 Std. 15 Min.
Pro Portion ca. 255 kcal, E 4 g, F 20 g, KH 14 g

4	Scheiben TK-Dinkel-Blätterteig (oder normaler Blätterteig)		Salz, frisch gemahlener Pfeffer
300 g	Rote Bete	1 Bund	glatte Petersilie
300 g	Hokkaido-Kürbisfleisch	40 g	Kürbiskerne
3 Zweige	Thymian	1	Bio-Zitrone
2	Knoblauchzehen	2 EL	Olivenöl
3	Schalotten	4–5 EL	Gemüsebrühe
2–3 EL	Zucker	1–2 EL	Kürbiskernöl zum Beträufeln
2–3	Sternanis		Fett für die Förmchen
5 EL	heller Balsamessig		Mehl zum Ausrollen

• Für die Tartes Blätterteig auftauen lassen. Backofen auf 200° (Umluft 180°, Gas Stufe 4) vorheizen.

• Rote Bete schälen. Kürbis abspülen. Rote Bete und Kürbis in dünne Scheiben schneiden. Thymian abspülen, trocken schütteln und die Blättchen abzupfen.

• Knoblauch und Schalotten abziehen und in dünne Scheiben schneiden. Zucker, Sternanis und 3 EL Wasser in einer Pfanne karamellisieren lassen. Thymian, Knoblauch- und Schalottenscheiben zum Karamell geben. Den Essig dazugießen.

• Sechs runde Förmchen (Ø 10 cm) fetten und den Karamell darin verteilen. Kürbis und Rote Bete in zwei Lagen darauflegen. Jede Schicht salzen und pfeffern. Blätterteigscheiben aufeinanderlegen, auf wenig Mehl möglichst dünn ausrollen und sechs Kreise (Ø 12 cm) ausstechen. Teig auf das Gemüse legen und die Ränder gut andrücken. Teig mit einer Gabel mehrmals einstechen. Tartes im Backofen etwa 20 Min. backen.

• Für das Pesto Petersilie abspülen, trocken schütteln und die Blättchen abzupfen. Kürbiskerne in einer Pfanne ohne Fett anrösten. Zitrone heiß abspülen, abtrocknen und die Schale abreiben. Alles im Blitzhacker fein pürieren. Öl und Gemüsebrühe unterrühren und mit Salz, Pfeffer und Zitronensaft abschmecken.

• Tartes nach dem Backen auf Teller stürzen und lauwarm mit dem Pesto und etwas Kürbiskernöl anrichten.

Pastete *im Teigmantel*

braucht Zeit | für Geübte

14	**Portionen**		
	Zubereitungszeit 1 Std. 15 Min.		
	Ruhezeit 12 Std., Kühlzeit 1 Std., Backzeit 55 Min.		
Pro Portion	ca. 435 kcal, E 22 g, F 24 g, KH 28 g		

500 g	mageres Schweinefleisch	3	Eier
200 g	Kalbfleisch (Schulter)	250 g	kalte Butter
200 g	ungeräucherter fetter Speck	5 EL	Milch
je ½ Bund	Majoran und Thymian	250 g	gekochter Schinken
2	Knoblauchzehen	4 Blatt	weiße Gelatine
2	Lorbeerblätter	¼ l	Portwein oder Traubensaft
	Salz, frisch gemahlener Pfeffer	etwa 1 EL	Zucker
500 g	Mehl + Mehl zum Ausrollen		

• Beide Fleischsorten und Speck würfeln. Kräuter und Knoblauch fein hacken. Alles mit Lorbeer, 1 TL Salz und Pfeffer mischen und über Nacht kalt stellen.

• Für den Teig Mehl, Salz, 2 Eier, Butter in Flöckchen und Milch zuerst mit den Knethaken des Handrührgerätes, dann mit den Händen zu einem glatten Teig verkneten. In Folie gewickelt mindestens 1 Std. kalt stellen.

• Lorbeerblätter aus der Fleischmischung nehmen. Fleisch durch die mittlere Scheibe des Fleischwolfes drehen. Schinken fein würfeln und unterrühren. Fleischteig kräftig mit Salz und Pfeffer würzen und kalt stellen.

• Backofen auf 220° (Umluft 200°, Gas Stufe 5) vorheizen. Etwa zwei Drittel des Teiges auf wenig Mehl etwa 5 mm dick ausrollen, eine gefettete Pasteten-Form (Inhalt etwa 1 l, oder eine Kastenform, 30 cm) damit auslegen; die Teigränder etwa 1,5 cm überstehen lassen.

• Füllung in die Form geben und festdrücken. Restlichen Teig ausrollen und auf die Pastete legen. Teig mit Eiweiß festkleben und andrücken. Zwei Löcher (⌀ 3 cm) in den Teigdeckel schneiden. 2 Blatt Butterbrotpapier aufrollen und als »Schornstein« in die Löcher stecken. Aus den Teigresten Ornamente ausschneiden, mit Eiweiß aufkleben. Eigelb und 2 EL Wasser verquirlen und den Teig bestreichen.

• Pastete 15 Min. backen. Ofen auf 180° (Umluft 160°, Gas Stufe 2) herunterschalten und die Pastete 30–40 Min. backen. In der Form erkalten lassen. Gelatine nach Packungsanweisung einweichen, ausdrücken und auflösen. Portwein mit Salz, Pfeffer und Zucker würzen und zur Gelatine geben. Wenn die Flüssigkeit zu gelieren beginnt, durch die Löcher im Teigdeckel gießen.

Datteln mit Käsefüllung

vegetarisch | gut vorzubereiten | für Gäste

40	**Stück**
	Zubereitungszeit 30 Min.
Pro Stück	**ca. 35 kcal, E 1 g, F 2 g, KH 4 g**

40	Datteln
100 g	Edelpilzkäse (z. B. Roquefort oder Gorgonzola)
½ Bund	Minze
100 g	Frischkäse
	Salz, frisch gemahlener Pfeffer
20	Walnusskerne

• Die Datteln längs einschneiden und vorsichtig entsteinen. Den Edelpilzkäse in etwa 0,7 cm breite Stifte schneiden und die Hälfte der Datteln damit füllen.

• Die Minze abspülen, trocken schütteln und fein hacken. Den Frischkäse mit den Quirlen des Handrührgerätes cremig aufschlagen und die Minzblätter unterrühren. Die Creme mit Salz und Pfeffer abschmecken und die übrigen Datteln damit füllen.

• Die Walnusskerne halbieren und je eine Hälfte auf die Füllung legen und leicht andrücken. Gefüllte Datteln bis zum Servieren kalt stellen.

Dazu gut gekühlten Prosecco oder weißen Portwein als Aperitif

Varianten Es schmecken auch andere Füllungen zu den Datteln. Zum Beispiel Ziegenfrischkäse mit ½ TL fein zerstoßenen rosa Pfefferbeeren verrühren.

Oder 1 EL gesalzene Erdnusskerne und etwa ½ TL frisch geriebenen Ingwer mit dem Frischkäse verrühren und die Früchte damit füllen.

Eine warme Variante: Jede Dattel mit einer halbierten Baconscheibe umwickeln und kurz in der Pfanne rundherum knusprig braten. Noch warm servieren.

Tipp Datteln können unterschiedlich groß sein. Wenn sehr große Exemplare verwendet werden, die Mengen für die beiden Füllungen eventuell verdoppeln.

Penne mit Chili-Birnen

vegetarisch | schnell | einfach

4	**Portionen**
	Zubereitungszeit 30 Min.
Pro Portion	**ca. 650 kcal, E 21 g, F 35 g, KH 64 g**

2	feste Williams-Birnen
1 EL	Zitronensaft
1	Chilischote
50 g	Butter
300 g	Vollkorn-Nudeln (z. B. Penne)
	Salz
40 g	Walnusskerne
2 Stangen	Staudensellerie
1 EL	Öl
200 ml	Milch
150 g	Roquefort (franz. Blauschimmelkäse)
	frisch gemahlener Pfeffer
	Zucker

Tipp
Roquefort-Käse hat einen sehr würzigen Geschmack. Wer es lieber milder mag, nimmt Dana-blu-Käse oder Bleu-de-Bresse-Käse.

• Den Backofen auf 180° (Umluft 160°, Gas Stufe 3) vorheizen. Die Birnen schälen, längs vierteln und das Kerngehäuse herausschneiden. Birnen in Zitronenwasser legen, damit sie nicht braun werden.

• Chilischote putzen, Kerne und Trennwände entfernen und die Schote abspülen (mit Küchenhandschuhen arbeiten!).

• Butter in einer großen Pfanne schmelzen und leicht bräunen lassen. Birnen und Chilischote dazugeben und unter Wenden anbraten. Birnen mit der Chilibutter in eine ofenfeste Form geben und im Ofen 15–20 Min. backen.

• Inzwischen die Nudeln in ausreichend Salzwasser nach Packungsanweisung bissfest kochen.

• Walnüsse hacken. Sellerie putzen und eventuell die harten Fäden abziehen. Sellerie abspülen und fein würfeln. Das Öl in einer Pfanne erhitzen und die Selleriewürfel darin dünsten. Die Milch unterrühren (nicht mehr kochen) und den Käse hineinbröckeln. Dabei nicht zu viel rühren, damit der Käse noch stückig bleibt. Die Sauce mit Salz, Pfeffer und Zucker abschmecken.

• Die Nudeln abgießen und das Kochwasser auffangen. Nudeln tropfnass mit der Käsesauce vermischen. Eventuell etwas Kochwasser unterrühren. Gehackte Walnüsse unterrühren und die Birnen aus dem Ofen dazu servieren.

Parmesan-Nuss-Braten

vegetarisch | einfach | gut vorzubereiten

14	**Scheiben**
	Zubereitungszeit 40 Min.
	Backzeit 50 Min.
Pro Scheibe	**ca. 280 kcal, E 9 g, F 25 g, KH 6 g**

200 g	Pinienkerne
3	Schalotten
je 200 g	Staudensellerie und Möhren
2 EL	Öl
150 g	Parmesan-Käse
je ½ Bund	Thymian und glatte Petersilie
100 g	Pecannusskerne
4	Eier
200 g	Schmand
1 EL	Butter
	evtl. glatte Petersilie zum Garnieren

• Den Backofen auf 180° (Umluft 160°, Gas Stufe 3) vorheizen. Die Pinienkerne fein hacken und in einer Pfanne ohne Fett goldbraun rösten.

• Schalotten abziehen und fein würfeln. Sellerie und Möhren putzen, abspülen und fein würfeln. Öl in einer Pfanne erhitzen, Gemüsewürfel darin etwa 10 Min. bei mittlerer Hitze braten.

• Parmesan fein reiben. Kräuter abspülen, trocken schütteln und fein hacken. Pecannüsse ebenfalls fein hacken. Pinienkerne, Pecannüsse, gebratenes Gemüse, 100 g Parmesan und die Kräuter mischen. Eier und Schmand verquirlen, unterrühren und den Nussteig mit Salz und Pfeffer kräftig würzen.

• Eine Kastenform (1,5 l Inhalt) mit Backpapier auslegen. Den Nussteig einfüllen und glatt streichen. Den restlichen Parmesan darüberstreuen und die Butter in Flöckchen darauf verteilen.

• Im Ofen etwa 50 Min. goldbraun backen. Nach 30 Min. eventuell mit Backpapier abdecken, damit der Braten nicht zu dunkel wird.

• Den Nussbraten herausnehmen und vor dem Stürzen 10 Min. abkühlen lassen. Backpapier abziehen. Eventuell mit frittierten Petersilienblättern garnieren. Dafür die Blätter kurz durch eine Pfanne mit heißem Öl ziehen.

Dazu Grünen Salat und Tomaten- oder Mango-Chutney

Lachsfilet *mit Vanilleöl*

einfach | raffiniert

4	**Portionen**
	Zubereitungszeit 1 Std.
	Marinierzeit 12 Std.
Pro Portion	**ca. 585 kcal, E 41 g, F 35 g, KH 26 g**

1	Lachsfilet ohne Haut (800 g)
2	Vanilleschoten
1	Bio-Zitrone
1 Bund	Basilikum
750 ml	Distelöl
	Salz, frisch gemahlener Pfeffer
800 g	Kartoffeln
200 ml	Milch

• Das Lachsfilet abspülen und mit Küchenkrepp trocken tupfen.

• Die Vanilleschoten längs aufschneiden und mit einem spitzen Messer das Mark herauskratzen. Die Zitrone heiß abspülen und trocken tupfen. Die Schale auf einer Küchenreibe abreiben und den Saft auspressen.

• Das Basilikum abspülen, trocken schütteln und die Blätter abzupfen. Die Hälfte der Blätter beiseitelegen. Öl, Vanillemark, Basilikum, Zitronenschale- und Saft und je eine kräftige Prise Salz und Pfeffer verrühren.

• Den Lachs in eine Form mit hohem Rand legen und mit dem Vanilleöl bedecken. Abdecken und für mindestens 2 Std., am besten über Nacht, im Kühlschrank marinieren lassen.

• Den Backofen auf 120° (Umluft 100°, Gas Stufe 1) vorheizen. Ein Backblech mit Backpapier auslegen und mit etwas Vanilleöl bestreichen. Den Fisch darauflegen und ebenfalls gut mit Öl bestreichen. Den Fisch im Ofen 35–40 Min. (im Gasherd gart der Lachs 5–10 Min. schneller) backen.

• Inzwischen für das Püree die Kartoffeln schälen, abspülen und in ausreichend Salzwasser 25 Min. kochen. Die Kartoffeln abgießen und mit einem Kartoffelstampfer zerdrücken. Die Milch unterrühren und das Püree mit Salz und Pfeffer abschmecken.

• Etwa 100 ml Vanilleöl erhitzen und zu Fisch und Kartoffelpüree servieren. Die restlichen Basilikumblätter hacken und über den Fisch streuen.

Karpfen »blau«

für Gäste | braucht etwas Übung

2	**Portionen**
	Zubereitungszeit 1 Std. 20 Min.
Pro Portion	**ca. 1080 kcal, E 105 g, F 71 g, KH 5 g**

1 Bund	Suppengrün
je 2 Stängel	glatte Petersilie und Thymian
2	Lorbeerblätter
10	Pfefferkörner
2 EL	Salz
125 ml	guter Weißweinessig
1 ganzer	Spiegelkarpfen (etwa 2 kg)
1 Stück	frischer Meerrettich (70 g)
150–200 g	Sahne
75 g	Butter

• Für den Kochsud das Suppengrün putzen, abspülen und in kleine Würfel schneiden. Petersilie und Thymian abspülen. Suppengrün, abgespülte Kräuter, Lorbeerblätter, Pfefferkörner, Salz und 3 l Wasser in einem breiten Topf aufkochen und bei kleiner Hitze 30 Min. gerade eben kochen lassen.

• Den Essig aufkochen. Karpfen vorsichtig abspülen, dabei aufpassen, dass die klare Schleimschicht auf der Haut nicht beschädigt wird. Den heißen Essig über den Fisch gießen, dann färbt sich die Schleimschicht blau. Karpfen vorsichtig in den Fischsud legen und bei kleiner Hitze 15–20 Min. ziehen lassen.

• Für den Sahne-Meerrettich den Meerrettich schälen und auf einer Küchenreibe fein reiben. Sahne steif schlagen und den geriebenen Meerrettich unterrühren. Bis zum Servieren kalt stellen.

• Butter in einem kleinen Topf erhitzen, aber nicht bräunen lassen. Den Karpfen mit einer Schaumkelle vorsichtig aus dem Sud heben und auf einer Platte, die mit einer Stoffserviette ausgelegt ist, anrichten. Mit Sahne-Meerrettich und heißer Butter servieren.

Dazu Salzkartoffeln

Tipp Zum »Blaukochen« eignen sich auch andere Fische, deren Haut mit einer Schleimschicht bedeckt ist (z. B. Schleie, Welse, Forellen oder junge Hechte).

Klassiker

Gefüllte Gans

Weihnachten kommt Gänsebraten auf den Tisch. Das ist in vielen Familien Tradition. Deshalb ist unsere Gans auch traditionell zubereitet. Nur ein bisschen Zitronengras in den Äpfeln dazu ist neu ...

8	**Portionen**
	Zubereitungszeit 1 Std.
	Garzeit 3 Std. 40 Min.
Pro Portion	**ca. 1495 kcal, E 67 g, F 131 g, KH 15 g**

1	junge Gans (etwa 4,5 kg)
2 Zweige	Rosmarin
	grobes Salz, grob gestoßener Pfeffer
6 kleine	säuerliche Äpfel (z. B. Boskop oder Elstar; 800 g)
12–15	Nelken
2	Sternanis
1	Zimtstange
4 Stängel	Zitronengras
4–8 TL	Honig
	evtl. etwas heller Saucenbinder

• Von der Gans die Fettdrüse an der Oberseite des Bürzels entfernen. Gans innen und außen gründlich abspülen und mit Küchenkrepp trocken tupfen. Federkiele mit einer kleinen Zange herausziehen (Step 1). Rosmarin abspülen, trocken schütteln und die abgezupften Nadeln fein hacken.

• Gans innen und außen mit Salz, Pfeffer und Rosmarin einreiben. Für die Füllung die Äpfel abspülen und trocken reiben. 3 Äpfel (halbiert oder ganz) mit den Gewürzen spicken und in die Bauchhöhle der Gans geben. Bauchöffnung eventuell mit Zahnstochern und Küchengarn verschließen (Step 2).

• Backofen auf 200° (Umluft 180°, Gas Stufe 4) vorheizen. Von den restlichen Äpfeln das Kerngehäuse mit einem Ausstecher entfernen (Step 3). Zitronengras in etwa 3 cm lange Stücke schneiden und die Äpfel damit spicken.

• Die Gans mit der Brust nach unten in einen großen Bräter legen. Etwa 300 ml Wasser angießen und die Gans zugedeckt 2½–3 Std. garen. Gans wenden. Gespickte Äpfel mit in den Bräter legen und weitere 40 Min. offen braten.

• Fertige Gans und Äpfel auf einer Platte anrichten. Bratfond durch ein Sieb gießen, entfetten und mit Honig, Pfeffer und Salz abschmecken. Eventuell mit etwas Saucenbinder binden. Sauce extra zum Fleisch reichen.

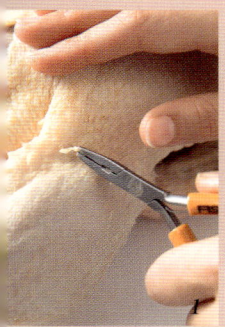

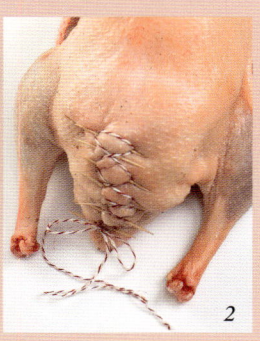

2

3

Hähnchen *im Rosensud*

raffiniert | für Gäste

4	**Portionen**
	Zubereitungszeit 1 Std. 15 Min.
Pro Portion	**ca. 205 kcal, E 29 g, F 10 g, KH 1 g**

30 g	frischer Ingwer
1 große	Möhre
80 g	Knollensellerie
1	Zwiebel
3	Nelken
2	Lorbeerblätter
1	Sternanis
4	Hähnchenbrustfilets (etwa 500 g)
4 EL	Rosenwasser (aus der Apotheke)
	Salz, frisch gemahlener Pfeffer
	frisch geriebene Muskatnuss
60 g	frische Bio-Rosenblätter
1 EL	Öl
2 EL	Zitronensaft
2 EL	kalte Butter

Tipp
Unbedingt Bio-Rosen-
blätter oder ungespritzte
Rosen aus dem Garten
nehmen. Auf vielen Märk-
ten werden von Bio-Gärt-
nereien ungespritzte
Blumen angeboten.

● Ingwer, Möhre und Sellerie schälen und abspülen. Zwiebel abziehen. Möhre,
Sellerie und Zwiebel in grobe Würfel schneiden und in 400 ml Wasser aufkochen
lassen. Ingwer fein würfeln und mit Nelken, Lorbeer und Sternanis dazugeben.
Etwa 30 Min. bei kleiner Hitze ziehen lassen.

● Hähnchenbrustfilets abspülen, trocken tupfen und mit 2 EL Rosenwasser einreiben. Mit Salz, Pfeffer und Muskat würzen. Den Gemüsefond durch ein feines
Sieb gießen und nochmals aufkochen lassen. Die Rosenblätter im Gemüsefond
1 Min. kochen lassen. Fond durch ein Sieb in einen Topf gießen, Fond aufheben
und die Rosenblätter kalt abspülen.

● Öl in einer Pfanne erhitzen und die Hähnchenfilets kurz darin anbraten. Das
Fleisch aus der Pfanne nehmen und im heißen Gemüse-Rosen-Fond etwa 10 Min.
bei kleiner Hitze ziehen lassen.

● Hähnchenfleisch warm stellen und den Rosenfond etwa auf die Hälfte einkochen lassen. Mit Salz, Zitronensaft und restlichem Rosenwasser abschmecken
und die kalte Butter in Flöckchen darunterschlagen. Rosenblätter in die Sauce
geben und mit der Hähnchenbrust anrichten.

Roastbeef mit Minzjoghurt

für Gäste | etwas teurer

6	**Portionen**
	Zubereitungszeit 30 Min.
	Garzeit 1 Std.
	Marinierzeit 24 Std.
Pro Portion	**ca. 425 kcal, E 47 g, F 21 g, KH 12 g**

1,2 kg	Roastbeef am Stück
2 Zweige	Rosmarin
10	Wacholderbeeren
4	Nelken
1 EL	schwarze Pfefferkörner
6	grüne Kardamomkapseln
1 EL	Kreuzkümmel
	Meersalz
3 EL	brauner Rohrzucker
2 EL	Butterschmalz
3–4 Stiele	Minze
350 g	Sahnejoghurt
1 EL	Rapsöl
	evtl. Rosmarin zum Garnieren

Tipp
Statt frischer Minze getrocknete Minze aus einem Teebeutel unter den Joghurt mischen.

• Das Roastbeef abspülen und trocken tupfen. Rosmarin abspülen und trocken tupfen. Rosmarinnadeln und die übrigen Gewürze in einen Mörser geben und fein zerstoßen. 1–2 EL Meersalz und den Zucker zugeben und das Fleisch rundherum damit einreiben. Das Fleisch fest in Frischhaltefolie wickeln und etwa 24 Std. im Kühlschrank durchziehen lassen.

• Backofen auf 130° (Umluft 110°, Gas Stufe ½) erhitzen. Butterschmalz in einer Pfanne stark erhitzen. Das Roastbeef darin bei starker Hitze rundherum braun anbraten. Auf ein Blech legen und im Ofen etwa 50–60 Min. weiterbraten. So ist das Fleisch bei relativ niedriger Temperatur rosa gebraten. Eventuell die Backofentemperatur auf 150° erhöhen.

• Für den Minzjoghurt die Minze abspülen, trocken tupfen und fein hacken. Joghurt, Minze, etwas Meersalz und Öl verrühren.

• Den Braten herausnehmen und noch etwa 10 Min. in Alufolie gewickelt ruhen lassen. Das Fleisch in Scheiben schneiden, eventuell mit Rosmarin garnieren und mit dem Minzjoghurt servieren.

Birnensorbet

gut vorzubereiten

6 Portionen
Zubereitungszeit 1 Std.
Gefrierzeit 20–30 Min.
Pro Portion ca. 280 kcal, E 2 g, F 1 g, KH 61 g

1	Bio-Zitrone
1	Vanilleschote
225 ml	trockener Weißwein oder heller Traubensaft
1	Zimtstange
150 g	Zucker
12	kleine Birnen
evtl. 2–3 EL	Birnengeist

• Die Zitrone heiß abspülen, trocken reiben und die Schale mit einem Spar-schäler abschälen. Den Saft auspressen. Die Vanilleschote längs einritzen und das Mark mit einem spitzen Messer herauskratzen.

• Wein, 225 ml Wasser, Zimtstange, Vanillemark und -schote, Zitronenschale und Zitronensaft und Zucker in einem Topf aufkochen.

• Birnen schälen und bei sechs Birnen eventuell den Stängel dranlassen. Alle Birnen quer halbieren. Das Kerngehäuse großzügig mit einem Kugelausstecher herausstechen. Birnen im Sud 15–20 Min. bei kleiner Hitze ziehen lassen.

• Die 6 Birnen mit Stängel und 6 »Unterteile« aus dem Sud nehmen, den Rest etwa 10 Min. weiterkochen lassen.

• Zimtstange und Vanilleschote aus dem Sud nehmen. Birnen mit dem Stab-mixer in der Flüssigkeit pürieren. Das Birnenpüree durch ein Sieb streichen und eventuell den Birnengeist unterrühren.

• Das Birnenpüree ganz abkühlen lassen und in der Eismaschine 20–30 Min. zu Sorbet gefrieren lassen. Restliche Birnen kalt stellen.

• Das Sorbet mit einem Eiskugelformer zu Kugeln formen und die kalten Birnen damit füllen.

Dazu feine Mandelkrokantplätzchen

Tipp Beim Schälen der Birnen eventuell ein paar dünne Streifen Schale dran-lassen, das sieht besonders hübsch und nicht zu perfekt aus.

Kaffee-Panna-Cotta

einfach | gut vorzubereiten

6	Portionen
	Zubereitungszeit 25 Min.
	Kühlzeit 12 Std.
Pro Portion	ca. 340 kcal, E 4 g, F 25 g, KH 25 g

5 Blatt	weiße Gelatine
1 EL	ganze Kaffeebohnen
500 g	Sahne
125 g	Zucker
2 TL	lösliches Espresso-Pulver
evtl. 1 EL	heller Kaffeelikör

● Die Gelatine in kaltem Wasser einweichen. Kaffeebohnen im Mörser fein zerstoßen und mit der Sahne und 60 g Zucker aufkochen.

● Den Topf von der Kochstelle nehmen und die ausgedrückte Gelatine unter Rühren darin auflösen. Die Mischung abkühlen lassen. Sechs kleine Gläser (etwa 100 ml Inhalt) mit kaltem Wasser ausspülen und die abgekühlte Sahne hineingießen. Über Nacht kalt stellen.

● 100 ml Wasser und den restlichen Zucker kochen lassen, bis ein dicklicher Sirup entstanden ist. Das Espresso-Pulver und eventuell den Likör unterrühren. Abkühlen lassen. Kurz vor dem Servieren etwas Sirup auf die Creme gießen.

Tipps Wer den Kaffeegeschmack nicht mag, kann die Sahne auch mit Kokos-flocken oder Vanilleschote aromatisieren. Zum Servieren dann etwas Kokos-likör gemischt mit Ananassaft oder, bei Vanille-Panna-Cotta, eine Kugel Vanilleeis und eventuell Eierlikör daraufgeben.

Nur kleine Portionsgläser für die Panna Cotta nehmen, denn das Sahne-gelee ist sehr gehaltvoll.

Festlicher Kartoffelsalat

vegetarisch | einfach | gut vorzubereiten

6	**Portionen**
	Zubereitungszeit 1 Std. 45 Min.
Pro Portion	**ca. 465 kcal, E 7 g, F 21 g, KH 61 g**

1 kg	kleine Kartoffeln	6 EL	Olivenöl
	Salz	5	frische Feigen
200 ml	Gemüsebrühe	3 EL	weißer Balsamessig
3	Kardamomkapseln	2 EL	Feigenkonfitüre
1	Sternanis	250 g	Datteln
3	Nelken	100 g	Walnusskerne
1	Lorbeerblatt	1 EL	Zucker
	frisch gemahlener Pfeffer	½ Bund	Koriandergrün
3	rote Zwiebeln		

• Die Kartoffeln gründlich abspülen und mit Schale in Salzwasser etwa 20 Min. kochen lassen. Kartoffeln abgießen, kurz ausdampfen lassen und die Schale abziehen. Kartoffeln ganz abkühlen lassen.

• Brühe und Gewürze aufkochen und den Topf beiseitestellen. Alles etwa 10 Min. ziehen lassen.

• Kartoffeln halbieren. Die Brühe durch ein Sieb gießen, mit Salz und Pfeffer würzen und nochmals aufkochen lassen. Gewürze wegwerfen. Heiße Brühe über die Kartoffeln gießen und mindestens 1 Std. durchziehen lassen.

• Inzwischen die Zwiebeln abziehen und in schmale Spalten schneiden. Das Olivenöl in einer Pfanne erhitzen und die Zwiebelspalten darin bei mittlerer Hitze glasig dünsten. Pfanne beiseitestellen und Zwiebeln abkühlen lassen.

• 3 Feigen schälen, klein würfeln und mit Essig und Feigenkonfitüre verrühren. Zwiebelspalten mit Öl und die Feigen-Vinaigrette unter die Kartoffeln mischen. Datteln halbieren und entkernen. Walnusskerne grob hacken. Den Zucker in einer Pfanne goldbraun schmelzen lassen und die Walnusshälften unter Rühren darin karamellisieren.

• Datteln und Walnüsse unter den Kartoffelsalat mischen und mit Salz, Pfeffer und eventuell Essig abschmecken. Koriander abspülen, trocken schütteln, die Blättchen grob hacken und untermischen.

• Restliche Feigen mit einem Küchentuch abreiben und in Spalten schneiden. Kurz vor dem Servieren auf dem Kartoffelsalat anrichten.

Fleischfondue

für Gäste | gut vorzubereiten | etwas teurer

6	**Portionen**
	Zubereitungszeit: 45 Min.
Pro Portion	**ca. 420 kcal, E 38 g, F 26 g, KH 8 g**

1 Bund	gemischte Kräuter (z. B. Basilikum, Thymian, Schnittlauch, Petersilie) oder TK-8-Kräutermischung	1 EL	Himbeeressig
			Zucker
250 g	Schmand	1 kleine	rote Chilischote
1 EL	Olivenöl	1	Knoblauchzehe
	Salz, frisch gemahlener Pfeffer	1 EL	Olivenöl
	etwas Zitronensaft	2 EL	Kapern
300 g	reife Tomaten	175 g	Salatcreme
1–2	Schalotten	je 300 g	Rinder-, Schweine- und Lammfilet
2 EL	Olivenöl	1,5 l	Rinderfond

• Für die Kräutersauce die Kräuter abspülen, trocken schütteln und fein hacken. Schmand, Kräuter und Olivenöl verrühren. Mit Salz, Pfeffer und eventuell etwas Zitronensaft abschmecken.

• Für die Tomatensauce die Tomaten abspülen, vierteln, den Stielansatz entfernen und das Fruchtfleisch fein würfeln. Schalotten abziehen und hacken. Tomaten, Schalotten und Olivenöl verrühren. Mit Essig, Zucker, Salz und Pfeffer würzen.

• Für die Chili-Kapern-Sauce die Chili abspülen, entkernen und fein würfeln (mit Küchenhandschuhen arbeiten). Knoblauch schälen und hacken. Öl erhitzen und die Kapern darin etwa 5 Min. anbraten.

• Die Pfanne vom Herd nehmen, Chili und Knoblauch zu den Kapern in die Pfanne geben und in der Restwärme mit den Kapern rösten. Abkühlen lassen. Chili-Kapern-Mischung unter die Salatcreme rühren und mit etwas Zitronensaft und Zucker abschmecken.

• Das Fleisch (es lässt sich besser schneiden, wenn es kurz angefroren war) in Scheiben schneiden und auf einem Teller anrichten. Den Fond in einem Fondue-Topf auf der Herdplatte aufkochen. Topf dann auf den heißen Rechaud stellen.

• Fleisch auf Fonduegabeln spießen und im heißen Fond kurz kochen. Die Saucen dazu servieren.

Dazu Baguette und grünen Salat

Das große Plus: *Weihnachten*

1 2 3

4 5 6

7 8 9

Von Anis bis Zimt

In der Advents- und Weihnachtszeit wird zu Hause so viel gebacken wie sonst nie. Dabei kommen viele exotische Gewürze zum Einsatz, hier die wichtigsten:

1 Anis: Das sind die grünen getrockneten Samen der Anispflanze. Das typische, leicht lakritzige Aroma liefert das ätherische Öl Anethol; je nach Sorte kann Anis süß-aromatisch bis würzig-herb schmecken. Anis würzt gemahlen Anisplätzchen, Pfeffernüsse und Springerle.

2 Ingwer: Die Würze steckt in den Wurzeln der Ingwerpflanze, die zur Familie der Gewürzlilien gehört. Ingwer schmeckt zitronig-scharf und wird frisch viel in der asiatischen Küche verwendet; kandierter Ingwer ist eine beliebte Süßigkeit. Zum Backen wird die Wurzel getrocknet, gebleicht, geschält und gemahlen und würzt Ingwerplätzchen, Lebkuchen und Printen.

3 Kardamom: Er gehört zur Ingwer-Familie. Verwendet werden die unreifen Samen, die aus Blüten am Seitentrieb der Pflanze stammen. Kardamom schmeckt aromatisch, süß-scharf und ist unverzichtbar in Gewürzplätzchen, Spekulatius und im Punschgewürz.

4 Koriander: Die Pflanze ist mit Kümmel, Fenchel und Dill verwandt. Koriandergrün wird auch die »Petersilie Asiens« genannt. Die Samen riechen getrocknet nach Zitrone und Moschus und schmecken nach Orangenschale, Zimt und Muskat. Sie werden in arabischen Gerichten oder gemahlen bei der Weihnachtsbäckerei verwendet, z. B. in Lebkuchen und Printen.

5 Nelken: Die getrockneten Blütenknospen des Gewürznelkenbaumes schmecken leicht scharf und haben durch den hohen Anteil (bis zu 25 %) an ätherischen Ölen ein sehr intensives Aroma, daher lieber sparsam verwenden. Nelken würzen Lebkuchen, Grog und Feuerzangenbowle.

6 Piment: Die runden Körner sind die unreif geernteten und getrockneten Beeren des Nelkenpfefferbaumes. Piment schmeckt nach Nelken, Muskat, Zimt und Pfeffer. Er heißt deshalb auch Nelkenpfeffer. Piment würzt Honig- und Pfefferkuchen.

7 Sternanis: Die sternförmige Frucht eines immergrünen Magnolienbaumes ist nicht mit Anis verwandt, hat jedoch ein ähnliches, leicht lakritziges Aroma. Gemahlen würzt Sternanis Lebkuchen und Pfeffernüsse; im Ganzen gibt er Glühwein oder Weihnachtstee ein feines Aroma und sieht dekorativ aus.

8 Vanille: Die Vanillepflanze gehört zu den Orchideen. Vanilleschoten sind botanisch keine Schoten, sondern die Fruchtkapseln der Vanillepflanze, die kleine schwarze Samen und Öl enthalten. Sie werden nach der Ernte mehrmals gedämpft und getrocknet, erst das bringt den typischen aromatischen Geschmack. Vanille gehört in viele Kuchen- oder Plätzchenrezepte. Verwendet wird beim Backen das weiche Mark, also die Samen. Eine preisgünstige Alternative zum teuren echten Vanillezucker ist der künstlich aromatisierte Vanillinzucker.

9 Zimt: Aus der getrockneten Rinde des Zimtbaumes wird der würzige Zimt hergestellt. Stangenzimt wird aus Ceylon-Zimt gemacht, indem mehrere getrocknete Rindenschichten ineinandergeschoben werden. Dieser Zimt ist etwas heller und schmeckt feinwürziger. Gemahlener Zimt wird aus Kassia-Zimt oder Padang-Zimt hergestellt und ist dunkler und aromatischer, aber auch leicht bitter. Die Stangen würzen Glühwein und Punsch.

Lebkuchengewürz besteht aus Zimt, Nelken, Ingwer, Koriander, Piment, Kardamom und Muskatnuss (mengenmäßig abnehmend).
Spekulatiusgewürz ist eine Mischung aus Zimt, Orangenschale, Zitronenschale, Nelken, Kardamom, Muskat und Koriander.

Hoch hinaus!
Backpulver und Co.

Ohne die Hilfe von Backpulver und Co. würden Kuchen, Kekse und Lebkuchen nur kleine flache Fladen werden. Erst durch die Backtriebmittel wie Backpulver, Hirschhornsalz und Natron entstehen lockere und krumige Gebäcke. Doch wie? Die Backtriebmittel spalten Kohlendioxid ab, das z. B. auch im Mineralwasser blubbert, und die kleinen Bläschen lockern den Teig und treiben ihn in die Höhe und/oder Breite. Die feinen Unterschiede der Backtriebmittel sind:

Backpulver besteht aus zwei Hauptbestandteilen: Natriumhydrogencarbonat, auch Natron genannt, und mindestens einer Säure, z. B. Zitronensäure, und meist noch einem säurebildenden Phosphat oder Sulfat. Dazu kommt ein Trennmittel wie Mehl oder Stärke, damit die Reaktion zwischen den einzelnen Bestandteilen nicht schon in der Tüte stattfindet. Die erste Reaktion zwischen Säure und Natron beginnt schon beim Teigrühren, der Teig wird sofort etwas lockerer. Der Haupttrieb startet jedoch erst unter der Wärmeeinwirkung im Backofen, das Gebäck geht hier am meisten auf. Gesteuert werden der Vortrieb und der Nachtrieb über die Art der zugesetzten Säuren. Aus einem Päckchen Backpulver für 500 g Mehl kann übrigens über ein Liter CO_2-Gas frei werden!

Bio-Backpulver enthält auch Natron, aber als Säure Weinstein und kein Phosphat. Da der Weinstein erst im Ofen mit dem Natron reagiert und CO_2 produziert, kann auf andere Säurebildner verzichtet werden. Oftmals schmeckt das Gebäck mit Weinstein-Backpulver weniger »stumpf« als Gebäck mit herkömmlichem Backpulver.

Natron ist auch ohne die Hilfsstoffe aus dem Backpulver ein gutes Triebmittel, es wird auch Backsoda oder Speisesoda genannt. Für Muffins wird oftmals Natron statt Backpulver verwendet, da die Triebkraft des Natrons durch die Verwendung von (saurer) Buttermilch und die besondere Zubereitungsart – flüssige und feste Zutaten werden erst kurz vor dem Backen gemischt – ideal genutzt wird.

Hirschhornsalz ist ein Gemisch aus Ammoniumhydrogencarbonat und Ammoniumcarbaminat, manchmal wird es auch ABC-Trieb genannt, (Ammonium-BiCarbonat). Hirschhornsalz wird nur zur Auflockerung von flachen Gebäcken verwendet, z. B. für Spekulatius, Springerle oder andere Kekse. Für hohes Gebäck ist es nicht geeignet, da das Hirschhornsalz beim Backen Ammoniak freisetzt, das Geschmack und Farbe des Gebäcks beeinträchtigen würde. Aus flachen Teigen entweicht es beim Backen schnell und vollständig. Hirschhornsalz verlängert die Haltbarkeit der Backwaren und verleiht ihnen einen typisch würzigen Geschmack. Bitte nicht pur essen!

Pottasche ist Kaliumcarbonat, es wird vor allem für sehr schwere Teige verwendet, z. B. für Honigkuchen, Printen und Lebkuchen. Es treibt den Teig nicht in die Höhe, sondern nur in die Breite. Meistens wird es in Kombination mit Hirschhornsalz eingesetzt. Zur Weihnachtszeit gibt es Pottasche und Hirschhornsalz bei den Backzutaten, ansonsten in der Apotheke.

Kekse und Plätzchen – so bleiben sie frisch

Der üppig belegte Plätzchenteller sieht zwar toll und appetitlich aus, aber die Kekse nehmen lange Zeit an der Luft und bei warmem Kerzenschein oft übel. Je nach Sorte werden sie steinhart oder weich, die Schokolade läuft an oder die Kekse schmecken gar ranzig. Wie halten sie sich am besten frisch?

Alle **knusprigen Kekse**, z. B. die typischen Ausstechkekse aus Mürbeteig, bleiben in gut schließenden Blechdosen am längsten frisch, maximal etwa drei Wochen. Am besten sind sie aber frisch gebacken. So gibt's immer backofenfrische Plätzchen: einfach einen Teil vom Teig einfrieren. Als abgeflachte Kugel, schon ausgerollt in einem großen Gefrierbeutel oder sogar schon ausgestochen. Teig kurz auftauen lassen und frisch backen, fertig.

Weiche Kekse wie Brownies sollten auch weich bleiben – und das gelingt am besten in der Blechdose oder gut eingewickelt in Folie und kühl gelagert. Wenn die feuchten Kekse zu luftdicht gelagert werden, z. B. in Plastikdosen, können sie schimmeln.

Schokolade mag es nicht zu warm und nicht zu kalt. Also alle Kekse mit Schokoglasur nicht auf die Heizung oder in den Kühlschrank stellen, sonst wird die Schokolade grau und sprenkelig.

Pralinen sind meist aus sehr empfindlichen Zutaten wie Butter und Sahne gemacht, sie sollten daher am besten in der kühlen Speisekammer oder im Kühlschrank aufbewahrt werden und nicht viel länger als eine gute Woche stehen.

Lebkuchen brauchen nach dem Backen erst einmal Zeit, um ihr volles Aroma zu entwickeln. Sie sind meist hart, schmecken weich aber besser. Dazu in eine Blechdose geben und einen halben Apfel hineinlegen, er gibt etwas Feuchtigkeit ab und macht das Gebäck schneller weich.

Stollen wird durch viel Butter im Teig und eine Schutzglasur aus Butter lange haltbar. Er sollte am besten in ein Tuch eingeschlagen oder auch in eine Blechdose gelegt werden. Regelmäßig mit flüssiger Butter bestrichen bleibt er schön lange frisch. Aber bitte auch möglichst kühl lagern.

Teig in Topform

Manchmal endet der Backspaß schon beim Ausrollen. Hier ein paar simple Tricks:

Teige sollten zum Ausrollen immer schön kalt sein, dann kleben sie nicht so. Die Ruhe- und Kühlzeiten im Rezept daher bitte einhalten; teilweise müssen sich Teige nach dem Kneten entspannen, sonst ziehen sie sich beim Ausrollen immer wieder wie ein Gummiband zusammen. Wenn es mit dem Kühlen schneller gehen muss, hilft auch mal das Gefrierfach.

Beim Ausrollen die Arbeitsfläche und die Teigrolle nur dünn mit Mehl bestäuben – wenn die Teigreste mehrmals zusammengeknetet werden, nimmt der Teig sonst zu viel Mehl auf und wird brüchig. Bei dunklen Teigen statt Mehl lieber einen Hauch Kakaopulver nehmen.

Elegant und ohne Mehl ausgerollt wird auf einer Backmatte aus Silikon und mit einer Teigrolle aus Silikon, daran haftet fast nichts. Günstiger und genauso gut: einen großen Gefrierbeutel aufschneiden und den Teig darin ausrollen.

Klebrige Teige auszustechen ist nicht einfach. Abhilfe schafft ein Häufchen Mehl, Puderzucker oder Kakaopulver. Die Förmchen erst dort hineindrücken, dann den Teig ausstechen. Auch gut, z. B. bei Zimtsternen: den Teig in einem Gefrierbeutel ausrollen, diesen kurz im Gefrierfach anfrieren lassen und dann aus dem festen Teig schnell Sterne ausstechen und auf das Blech setzen. Ganz sauber, nichts klebt und die Sterne werden schön zackig.

Super gleichmäßig wird ausgerollter Teig durch Ausrollhilfen. Es gibt z. B. Teigroller mit einem kleinen Rand. der etwas übersteht und so die Dicke des Teiges bestimmt, oder man nimmt dazu zwei Hölzer, auf denen die Rolle geführt wird. Ihre Dicke bestimmt dann die Teigstärke. Beides gibt es im Fachhandel. Den Ausstecher für die Schneeflocke vom Titel gibt es im Fachhandel oder zum Bestellen bei www.tortissimo.de.

Der BRIGITTE-Keksausstecher

Individuell gestaltete Kekse und Plätzchen sind mit einem speziellen Keksausstecher gemacht. In den eckigen Ausstecher mit gewelltem Rand wird eine Matrize mit Buchstaben eingesetzt. Mit diesem Set kann man Namen, Glückwünsche oder sonstige Botschaften in den Teig stanzen. Im Fachhandel von Städter oder im Internet unter www.tortissimo.de

Feine Weihnachtsessen

Kommt die ganze Familie oder erwarten Sie nur ein paar Freunde? Oder alle Freunde? Sind Sie allein mit Ihrem Liebsten? Mögen Ihre Gäste kein Fleisch oder können sie nicht genug davon bekommen? Egal, wir haben die besten Kombinationen aus diesem Weihnachtsbuch!

Das Weihnachtsmenü für sechs
Datteln mit Käsefüllung (Rezept Seite 111 halbieren)
Möhrenessenz mit Polenta (Seite 103)
Roastbeef mit buntem Salat und Bratkartoffeln (Seite 125)
Kaffee-Panna-Cotta (Seite 129)

Klein und fein für vier
Ein paar Käseschnecken und eingelegte Oliven zum Aperitif (Seite 93 und 99)
Hähnchenbrust im Rosensud mit Basmatireis (Seite 123)
Birnensorbet (Seite 127)

Menü ohne Fleisch für sechs
Kürbis-Rote-Bete-Tarte (Seite 107)
Penne mit Chili-Birnen (Rezept Seite 113 mit 450 g Nudeln und entsprechend mehr Sauce zubereiten)
Für jeden Gast 2–3 Turrons und Trüffel zum Espresso (Seite 81 und 89)

Ganz traditionell für sechs
Möhrenessenz mit Polenta (Seite 103)
Gefüllte Gans mit Beilagen (Seite 120)
oder
Karpfen »blau« mit grünem Salat und Kartoffeln (Rezept Seite 119 verdreifachen)
Birnensorbet (Seite 127)

Das Weihnachtsbüfett für mindestens zwölf
Ingwerbier (Seite 91)
Pastete im Teigmantel (Seite 109)
Festlicher Kartoffelsalat (Rezept Seite 131 verdoppeln)
Roastbeef mit Minzjoghurt (Rezept Seite 125 verdoppeln)
Lachsfilet mit Vanilleöl (Rezept Seite 117 verdoppeln)
Parmesan-Nuss-Braten (Seite 115)
Kaffee-Panna-Cotta in kleinen Gläsern und eine Obstplatte dazu servieren oder das Rezept von Seite 129 verdoppeln
Christstollen (Seite 56)

Zum Gebrauch

Damit Sie Rezepte mit bestimmten Zutaten noch schneller finden können, stehen in diesem Register zusätzlich auch beliebte Zutaten wie **Ingwer** und **Mandeln** – ebenfalls alphabetisch geordnet und **hervorgehoben** – über den entsprechenden Rezepten.

Die BRIGITTE-Kochbuch-Edition

ISBN 978-3-8338-1505-8

ISBN 978-3-8338-1506-5

ISBN 978-3-8338-1507-2

ISBN 978-3-8338-1511-9

ISBN 978-3-8338-1512-6

ISBN 978-3-8338-1513-3

NIE WIEDER ZETTELWIRTSCHAFT! Die beliebtesten Rezepte aus der BRIGITTE werden hier vom Kochbuch-Spezialisten GU endlich in einer Edition präsentiert. Rezepte für jeden Anlass, für jede Saison – natürlich mit allen Klassikern und mit vielen Neuheiten. Freuen Sie sich darauf und sammeln Sie mit!

Mehr Kochen war noch nie

ISBN 978-3-8338-1508-9

ISBN 978-3-8338-1510-2

ISBN 978-3-8338-1509-6

ISBN 978-3-8338-1514-0

ISBN 978-3-8338-1515-7

ISBN 978-3-8338-1516-4

KOMPETENT: zwei starke Marken – BRIGITTE und GU – garantieren höchste Qualität und Gelingsicherheit. **WERTVOLL:** schöne Ausstattung mit Lesebändchen. **UNVERWECHSELBAR:** herausragende Gestaltung, auffällig schöne Fotografie. **EMOTIONAL:** das Gute-Laune-Gefühl der BRIGITTE in Buchform.

IMPRESSUM

© 2008
GRÄFE UND UNZER VERLAG GmbH, München
Gruner + Jahr AG & Co KG, Hamburg

Liebe Leserin, lieber Leser,

wir freuen uns, dass Sie sich für ein Buch der Brigitte-Kochbuch-Edition entschieden haben. Mit Ihrem Kauf setzen Sie auf Qualität und Kompetenz zweier starker Marken: Brigitte und GU. Dafür bedanken wir uns bei Ihnen.

Um in Zukunft noch besser auf Ihre Wünsche eingehen zu können, ist uns Ihre Meinung wichtig. Bitte senden Sie uns Ihre Anregungen, Ihre Kritik, Ihr Lob und auch Ihre Fragen zu unseren Büchern. Wir freuen uns auf Ihre Nachricht!

GRÄFE UND UNZER VERLAG
Leserservice
Postfach 86 03 13
81630 München

Montag – Donnerstag: 8.00 – 18.00 Uhr
Freitag: 8.00 – 16.00 Uhr
Tel: 0180-5 00 50 54*
Fax: 0180-5 01 20 54*
E-Mail: leserservice@graefe-und-unzer.de

*(0,14 €/Min. aus dem dt. Festnetz/
Mobilfunkpreise können abweichen.)

BRIGITTE
Leserservice
Tel: 040-370 30
Fax: 040-37 03 56 34
E-mail: infoline@brigitte.de

Chefredakteur BRIGITTE Andreas Lebert
Programmleitung GU Doris Birk
Projektleitung und Rezeptauswahl Burgunde Uhlig (BRIGITTE), Birgit Rademacker (GU)
Texte Katja Jührend (BRIGITTE)
Rezeptbearbeitung Frauke Prien (BRIGITTE)
Lektorat Katharina Lisson
Korrektorat Mischa Gallé
Layout, Typografie und Umschlaggestaltung
independent Medien-Design, München
Satz Uhl + Massopust, Aalen
Herstellung Petra Roth
Reproduktion Longo AG, Bozen
Druck und Bindung Mohn media Mohndruck GmbH, Gütersloh

ISBN 978-3-8338-1512-6

1. Auflage 2008

Rezepte, Produktion und Foodstyling
BRIGITTE-KOCHRESSORT

Bildnachweis
Fotografie Thomas Neckermann
Seite 122 Ulrike Holsten
Seite 70 Michael Holz
Seite 108 Joerg Lehmann
Seite 78 Janne Peters
Seite 120 Janne Peters/CMA

Titel
Foto Ulrike Holsten
Assistenz Verena Kallweit
Styling Dietlind Wolf
Foodstyling Nicole Müller-Reymann

Ein Unternehmen der
GANSKE VERLAGSGRUPPE